기독교, 그것이 알고 싶다

기독교에 대한 20가지 궁금증

비그리스도인이 쉽게 이해할 수 있는
기독교 교리 설명과 신앙 이야기

기독교, 그것이 알고 싶다

기독교에 대한 20가지 궁금증

오주철

하드치파사

머리글

　이 책을 집필하면서 가장 많이 생각한 것은 기독교를 믿지 않는 분들이 교회와 기독교인들에게 던지는 질문이었습니다. 기독교에 대해 궁금하지만 어디서부터 알아가야 할지 막막한 분들, 교회에는 가본 적이 있지만 기독교 신앙이 어떤 의미인지 잘 모르는 분들, 혹은 신앙을 가진 적이 있었지만 실망하거나 의문이 들어서 멀어진 분들 — 이런 분들이 고민할 법한 질문들을 하나하나 정리하고 답해 보고 싶었습니다.

　　"하나님은 어떤 분이신가요?"
　　"예수님은 왜 그토록 중요한가요?"
　　"기독교는 왜 선과 악의 문제를 중요하게 생각하나요?"
　　"교회는 꼭 다녀야 하나요?"
　　"기도는 왜 하는 걸까요?"

　이런 질문을 한 번이라도 해보셨다면, 이 책은 분명 도움이 될 것입니다.

사실 기독교는 세상에서 가장 많은 사람들이 믿는 종교 중 하나지만, 막상 기독교가 무엇을 믿고, 어떤 가르침을 전하는지 정확히 아는 사람은 많지 않습니다. 심지어 교회를 오래 다니는 사람들도 기본적인 개념을 명확하게 이해하고 설명하기 어려워하는 분들이 많습니다. 그래서 기독교를 처음 접하는 분이나 오해를 가지고 계신 분들이 "교회가 왜 저러지?", "왜 그렇게 믿어야 하지?", "다른 종교와 뭐가 다르지?"라는 생각을 갖는 것은 당연한 일인지 모릅니다.

이 책은 그런 궁금증을 해결해 드리기 위해 쓰였습니다. 이 책은 신학적인 전문 용어를 가득 채운 교과서가 아닙니다. 오히려 기독교에 대해 한 번도 들어보지 않았던 사람도 쉽게 이해할 수 있도록, 친근한 대화 형식으로 여러분의 질문에 하나씩 답해 보려고 합니다. 어떤 질문은 여러분이 예상했던 답과 다를 수 있고, 어떤 부분은 조금 낯설게 느껴질 수도 있습니다. 하지만 적어도 이 책을 읽고 나면 기독교가 무엇을 말하고, 왜 수많은 사람들이 이 신앙을 지키며 살아가는지에 대해 보다 선명한 그림을 그릴 수 있을 것입니다.

왜 이 책을 썼을까요?

기독교를 믿는 사람들은 때때로 "예수님을 믿으면 구원을 얻는다", "하나님이 우리를 사랑하신다"라는 말을 쉽게 합니다. 하지만 그 말들이 무엇을 의미하는지 충분히 설명하지 않은 채 전하기 때문에 기독교를 믿지 않는 분들에게는 뜬구름 잡는 이야기처럼 들릴 때가 많습니다. 오히려 너무 익숙한 말들이라 깊이 생각해 보지 않고 흘려넘기는 경우도 많습니다. 그러나 신앙이란 강요가 아니라 이해를 통해 다가가야 하는 것입니다. 기독교 신앙은 단순히 "이렇게 믿어야 해"라고 강요하는 것이 아니라, 왜 그렇게 믿는지, 그 믿음이 우리의 삶과 어떤 관계가 있는지 고민하는 과정에서 더욱 깊어지는 것입니다.

그래서 이 책에서는 무조건 '이것이 정답이다'라고 단정 짓기보다, 여러분의 질문과 고민을 함께 나누며 기독교가 제시하는 답이 무엇인지 차근차근 풀어가려고 했습니다. 기독교를 믿지 않는 분들이라도 편안한 마음으로 읽을 수 있도록 쉽게 쓰려고 노력했습니다.

사실 기독교에 대한 오해도 많습니다. 어떤 분들은 기독교를 보며 실망하기도 하고, 부정적으로 생각하기도 합니다. 때로는 기독교인들의 말과 행동이 기대에 미치지 못할 때가 있기 때문입니다. 교회가 사회 문제에 개입하는 모습이 불편하게 느껴질 수 있고, 과학과 신앙이 충돌하는 것처럼 보이기도 합니다. 그리고 무엇보다 "왜 고통과 악이 존재하는데 하나님은 가만히 계시는가?"와 같은 질문은 기독교 신앙을 받아들이기 어렵게 만드는 이유 중 하나일 것입니다.

이 책은 그런 궁금해 하는 질문들을 외면하지 않습니다. 오히려 우리가 가진 고민과 의문을 함께 생각해 보고, 기독교가 어떻게 답을 해왔는지 살펴보려 했습니다. 이 책은 기독교를 강요하려는 것이 아니라는 점을 다시 한번 말씀드립니다. 단지, 여러분이 기독교에 대해 정확히 알고 판단할 수 있도록 돕고 싶을 뿐입니다. 어떤 분들에게는 기독교가 여전히 낯설고 멀게 느껴질 수 있습니다. 하지만 기독교가 전하는 메시지―사랑, 용서, 희망, 구원―는 종교를 떠나 많은 사람들이 고민해 볼 주제라고 생각합니다. 이 책이 여러분의 질문에 한 걸음 더 깊이 들어가는 계기가 되기를 바랍니다.

이 책을 다 읽고도 여전히 궁금한 점이 있을 수 있습니다. 또는 어떤 내용에는 동의하지 못할 수 있습니다. 하지만 적어도 기독교에 대한 새로운 시각을 가질 수 있는 기회가 되기를 진심으로 바랍니다. 이 책을 읽는 여러분께 진심으로 감사드립니다. 그리고 무엇보다 열린 마음으로 함께 고민해 주시기 바랍니다.

특별히 이 책이 나올 수 있도록 책의 완성도를 높이는데 힘써주신 한들출판사 대표이신 정덕주 목사께 깊은 감사를 드립니다. 그리고 부족한 저를 위해 언제나 한결같이 기도로 응원해주는 사랑하는 언양영신교회 교우님들께도 감사드립니다.

끝으로 지금까지 기도와 평안함으로 처음부터 내 인생이 끝날 때까지 든든한 후원자가 되어 줄 사랑하는 아내와 멋진 사위 윤다솔 전도사와 큰딸 예랑이, 멋지게 사역을 잘 감당하고 있는 듬직한 아들 진혁이와 임용고사 준비에 여념이 없는 이쁜 공주 예인이, 그리고 우리 곁에 축복으로 와준 내 마음의 심쿵이 외손주 하준이에게 이 책을 바친다.

2025년 1월 설날 아침에
가지산 자락 아래 목양실에서 새로운 봄을 기다리며
오주철 목사

목차

1. 하나님은 어떤 존재이신가요? / 13

2. 예수 그리스도는 왜 중요한 인물로 여겨지는가요? / 19

3. 삼위일체 하나님이란 무엇이며, 왜 중요한가요? / 25

4. 고통과 악이 존재하는데도 하나님이 선하신 이유는 무엇인가요? / 33

5. 구원은 무엇이며, 어떻게 얻을 수 있는가요? / 43

6. 타종교와 기독교는 어떻게 다른가요? / 53

7. 기독교에서 성경은 어떤 위치를 차지하는가요? / 61

8. 성경은 역사적 사실인가요, 상징적인 이야기인가요? / 67

9. 교회는 어떤 역할을 하는 곳인가요? / 75

10. 예배는 무엇이며, 왜 필요한가요? / 81

11. 기도란 무엇이며, 왜 하는 것인가요? / 87

12. 세례의 의미와 목적은 무엇인가요? / 93

13. 성찬식은 왜 기독교에서 중요한 의식인가요? / 101

14. 기독교는 왜 선과 악의 문제를 중요하게 다루는가요? / 107

15. 기독교에서 죄란 무엇이며, 어떻게 다루어지는가요? / 113

16. 기독교의 윤리 기준은 무엇에 기반하는가요? / 119

17. 천국과 지옥의 개념은 어떤 의미인가요? / 127

18. 기독교는 왜 선교에 중점을 두는가요? / 133

19. 왜 교회가 정치, 사회 문제에 관여하는 경우가 있는가요? / 139

20. 현대 과학과 기독교 신앙은 양립할 수 있는가요? / 149

2. 하나님은 우리를 사랑하고 관계 맺기를 원하는 분이십니다

하나님은 우주를 창조하신 후 멀리 떨어져 관망하는 분이 아닙니다. 하나님은 인간과 세계를 창조하셨을 뿐 아니라, 지금도 이 세계를 유지하시고 직접 개입하시며 소통하기를 원하는 분으로 이해됩니다. 이는 기독교가 하나님을 '인격적인 존재'로 묘사하는 이유와 연결됩니다. 하나님은 단순히 경외해야 할 어떤 힘이나 법칙이 아니라, 사랑과 정의, 지혜와 의지를 가진 인격적 주체로써 우리와 관계를 맺고 싶어 하시는 분입니다. 예를 들어, 가족이나 친구와 관계를 맺고 사랑을 나누는 것처럼, 하나님도 우리와 소통하며 사랑을 나누기 원하신다고 믿습니다. 신자들은 하나님과 대화(기도)하며, 삶에서 하나님의 사랑을 느낄 수 있다고 이야기합니다. 하나님은 저 높은 곳에서 우리를 내려다보시는 분이 아니라, 우리가 힘들고 어려울 때 가까이 다가와 위로해주시는 따뜻한 존재로 이해하고 있습니다.

3. 하나님은 우리를 초월하면서도 가까이 계시는 분이십니다

기독교에서 하나님은 시간과 공간을 초월하신 분이라고 설명합니다. 이 말은 하나님이 인간의 한계나 제약에 얽매이지 않는다는 뜻입니다. 하지만, 하나님은 멀리 계신 분이 아니라 이 순간에도 우리 곁에 계신다고 믿습니다. 해와 별처럼 멀리 있는 것 같지만 햇빛은 매일 우리를 비추며 따뜻함을 주는 것처럼, 하나님도 우리 가까이 계십니다. 성경에서는 이를 '임마누엘'이라고 표현하는데, 그 뜻은 "하나님이 우리와 함께 계신다"는 의미입니다. 하나님은 우리가 이해할 수 없을 정도로 크신 분이지만, 동시에 일상 속에서 함께하시며 우리를 돕고 이끌어 주는 분이십니다.

특히 기독교에서 강조하는 하나님에 대한 독특한 이해는 '사랑의 본질'이라는 개념입니다. 기독교 신앙은 하나님이 사랑스러운 행동을 하시는 존재일 뿐 아니라, 그 자체로 사랑의 원천이자 본질이라고 가르칩니다. 성경은 "하나님은 사랑이시다"(요한1서 4:8)라는 표현을 통해 하나님의 본질이 사랑이심을 분명히 합니다. 이는 하나님이 인간을 창조하신 목적이 사랑 때문이라는 것을 의미합니다. 기독교에 따르면 인간이 그분과 관계를 맺고, 사랑 속에서 서로를 섬기며 살아가기를 하나님은 바라십니다.

4. 하나님은 우리에게 '희망'과 '구원'을 주시는 분이십니다

기독교에서 하나님은 우리를 만드신 분이지만 우리 곁에만 머물지 않습니다. 하나님은 우리 삶에 '소망'과 '목적'을 주시는 분입니다. 사람들은 삶에서 큰 어려움과 고통을 겪을 때, "왜 이런 일이 나에게 일어날까?"라고 질문합니다. 기독교에서는 하나님이 우리의 고통을 보시며, 회복시키고 치유하기 위해 돕는다고 믿고 있습니다. 이것을 우리는 '구원'이라고 표현합니다. 구원은 종교적인 용어기 아니라, 우리의 '삶에서 잘못된 것'들을 바르게 하고, '새로운 희망과 시작'을 주는 과정으로 이해될 수 있습니다. 하나님은 인간의 약점과 잘못을 알고 계시지만, 그것을 정죄하기 위해서가 아니라, 회복시키고 더 나은 방향으로 인도하시기 위해 함께 하십니다.

무엇보다 기독교에서 하나님은 인간의 구원자이시기도 합니다. 인간이 도덕적이며 영적인 문제에 직면할 때, 인간을 돕고 구원하시는 분이라고 가르칩니다. 이는 하나님이 인간의 연약함을 외면하지 않고, 이 고통에 동참하며 우리를 구원하려는 의지를 가지신 분으로 나타냅니다. 기독교의 핵심 메시지는 하나님이 예수 그리스도를 통해 자신을 인간들에게 드러내셨고, 인간의 죄와 고통을 해결하기 위해 자신을 희생하셨다는 것입니다. 이를 통해서 '정의'와 '사랑'이 동시에 실현된 존재로 소개됩니다.

하나님이 어떤 분이신지 이해가 되셨나요? 앞에서 설명한 네 가지만으로 "하나님은 이런 분이시다"라고 완전하게 설명할 수는 없습니다. 그렇지만 기독교에서 하나님은 '우주의 창조자'나 '종교적 존재'로 끝나지 않습니다. 하나님은 우리를 '사랑하시고', 우리 '삶에 함께하시며', 우리가 새로운 희망을 찾고 '더 나은 삶'을 살아갈 수 있도록 도와주시는 분입니다. 비록 하나님을 믿지 않더라도, 이 설명을 통해 기독교가 이해하는 하나님을 조금 더 가까이 느낄 수 있기를 바랍니다. 하나님은 기독교 신자들에게 믿음의 대상만이 아니라, 인생의 '의미'와 '방향'을 제시하는 중심이 되는 존재이십니다.

Q 02

예수 그리스도는
왜 중요한 인물로 여겨지는가요?

　예수 그리스도는 기독교 신자들에게만 의미 있는 인물이 아닙니다. 인류 역사상 가장 널리 알려지고, 가장 많은 영향을 준 인물 중 한 분이십니다. 그렇다면 왜 예수 그리스도가 중요한 인물로 여겨질까요? 기독교 신자들에게만 의미 있는 존재일까요? 아니면 그 이상의 보편적 '가치'와 '의미'를 담고 있는 인물일까요? 예수 그리스도를 중심으로 네 가지 관점에서 이 분이 인류사에서 왜 그토록 중요한 인물인지를 알아보겠습니다.

1. 예수님은 역사적 맥락에서 실제로 '존재했던 인물'이십니다

예수 그리스도는 실제로 존재했던 역사적 인물이십니다. 이 분은 약 2,000년 전 유대 지역에서 활동하며, 짧은 생애 동안 많은 사람들에게 강력한 영향을 남긴 인물이었습니다. 그의 삶은 성경뿐 아니라 역사가들의 기록에서도 확인됩니다. 유대인 역사가 요세푸스(Flavius Josephus, A.D.37-?)와 로마 역사가 타키투스(Publius Cornelius Tacitus, A.D. 56-117년)도 예수를 언급하며, 이 분이 당시 많은 사람들의 관심을 끌었던 인물이었음을 보여줍니다. 요세푸스는 예수가 기적을 행하며 사람들을 가르쳤고, 로마 제국에 의해서 처형되었다는 내용을 기록했습니다. 타키투스 역시 예수가 십자가에 못 박혔으며, 그의 가르침이 로마 사회에서 점점 퍼져 나갔음을 기록하고 있습니다. 이처럼 예수의 존재는 기독교 신앙을 떠나 역사적으로도 입증되는 사실입니다.

예수는 길지 않은 30여 년의 생애 가운데 3년 남짓한 활동을 하였지만, 이 분의 삶과 죽음, 부활을 중심으로 한 이야기는 이천 년 동안이나 이어졌습니다. 제자들이 이 분의 가르침을 전파하면서 예수는 단순한 신앙의 상징이 아니라, 실제 역사 속에서도 중요한 인물로 자리한 존재입니다. 예수의 삶은 기독교의 기초를 세우는 데 그치지 않고, 세계 문화와 역사에 깊은 흔적을 남겼습니다.

2. 예수는 우리의 '유일한 구원자'가 되십니다

예수 그리스도가 기독교에서 중요한 이유는, 인류를 구원하기 위해 세상에 오신 '구원자'라고 믿는다는 데 있습니다. 여기서 '구원자'란 무엇을 의미하는지, 그리고 왜 중요한지 설명하겠습니다.

1) 인간의 문제와 구원의 필요성: 기독교에서는 모든 인간이 불완전할 뿐 아니라, 스스로는 해결할 수 없는 문제를 가지고 있다고 가르칩니다. 이 문제를 '죄'라고 부르는데, 이것은 단순히 잘못된 행동을 뜻하는 것 그 이상입니다. 죄는 인간이 하나님(혹은 궁극적인 선과 진리)과 멀어지게 만드는 상태를 의미합니다. 예를 들어 이기심, 분노, 미움 같은 감정을 느끼고, 때로는 상처를 주는 행동을 하게 되는 이유가 바로 '죄'의 영향 때문이라고 보는 것입니다. 기독교에서는 이러한 문제를 가지고 있기 때문에, 스스로는 완전한 평화와 행복, 그리고 하나님과의 관계 회복에 이를 수 없다고 가르칩니다. 그래서 기독교에서 말하는 '구원'이란, 죄로 인해 깨어진 하나님과의 관계를 회복하고, 진정한 평화와 삶의 목적을 찾는 것을 말합니다. 예수는 바로 이 구원의 길을 열어주시기 위해 오셨다고 믿고 있습니다.

2) 예수의 희생과 사랑: 기독교에서 예수의 가장 중요한 역할 중 하나는, 인류의 죄를 대신 지고 죽으셨다는 것입니다. 예수의 죽음

은 한 인간의 죽음이 아니었습니다. 기독교는 예수가 십자가에서 죽으심으로 모든 인간이 짊어져야 할 죄의 대가를 지불했다고 믿고 있습니다. 이것을 쉽게 설명하면, 우리가 빚을 졌을 때, 누가 나서서 빚을 갚아주는 상황을 떠올릴 수 있습니다. 우리 스스로는 빚을 갚을 수 없지만, 이 사람이 대신 갚아주었다면 빚의 무거운 짐을 벗을 수 있습니다. 기독교에서는 예수가 바로 이 역할을 했다고 가르칩니다. 예수는 죄가 없는 분이셨지만, 인류를 대신해 스스로 십자가에서 죽음을 선택하셨습니다. 이것은 단순한 희생이 아니라, 인류에 대한 깊은 사랑이라고 믿고 있습니다.

또한, 기독교에서는 예수의 죽음이 끝이 아니라고 믿고 있습니다. 예수는 죽음에서 끝나지 않으셨습니다. 기독교 신앙의 핵심은 그의 '부활하심'에 있습니다. 이 분은 죽음에서 다시 살아나심으로 인간의 가장 큰 적인 '죽음'과 '절망'을 이기셨습니다. 그러나 예수의 부활은 한 사람의 기적적인 부활의 이야기가 아니라, 모든 인류에게 새로운 '생명'과 '희망'이 열렸다는 상징적 의미를 갖게 해줍니다. 그래서 부활은 기독교에서 '구원의 완성'을 상징하며, 예수는 단순히 과거의 희생자가 아니라 지금도 '살아 계신 구원자'라고 믿고 있습니다.

3) 구원자 예수가 주는 메시지: 예수가 구원자라는 고백은 추상적이거나 신학적인 개념이 아닙니다. 이것은 실제로 사람들에게 위로와 희망, 그리고 삶의 새로운 의미를 제공합니다. 예를 들어 자신

의 과거에 실수와 잘못이 많았던 사람이라도 예수를 통해 용서받고 새 출발을 할 수 있다는 메시지는 매우 큰 힘이 됩니다. 또한 예수의 사랑과 희생은 인간의 '가치'와 '존엄성'을 강조합니다. 그는 부유한 사람이나 권력자만이 아니라, 가난하고 소외된 사람에게도 똑같은 관심과 사랑을 베푸셨습니다. 그의 가르침은 모든 사람에게 '희망'을 주며, 우리가 서로를 '용서'하고 '사랑'하며 살아가도록 격려해줍니다.

4) 예수가 구원자로 여겨지는 이유: 예수를 구원자라고 부르는 이유는 좋은 가르침을 전했기 때문이 아니라, 인간이 직면한 근본적인 문제를 해결하기 위해 스스로 십자가에 못 박혀 죽으시고 부활하셨기 때문입니다. 이 분은 도덕적인 교사나 훌륭한 예언자가 아니라, 인간과 하나님 사이의 단절을 메우고, 죄와 죽음이라는 근본적인 문제를 해결하신 구원자입니다. 기독교 신앙에서는 예수를 통해 인간은 자신의 노력만으로는 도달할 수 없는 진정한 '평화'와 '희망', 하나님과의 관계 '회복'을 경험할 수 있다고 믿습니다. 예수 그리스도는 '사랑'과 '희생', '용서'와 '치유'의 상징입니다. 이 분의 가르침은 인류에게 윤리적이며 도덕적인 지침을 제공할 뿐 아니라, 그의 삶과 죽음, 부활은 신앙인들에게 구원과 영생의 길을 여는 열쇠로 여겨집니다. 기독교인들은 예수 그리스도를 통해 삶의 '의미'와 '방향성'을 발견하며, 이를 통해 세상에 '사랑'과 '나눔', '용서'를 실천하는 삶을 살도록 요구받고 있습니다. 기독교에서는 이 예수를 믿고 받

아들일 때 하나님과의 관계가 회복되고, 진정한 평화와 자유를 경험할 수 있다고 가르칩니다. 이 구원의 메시지는 종교적 의무만이 아니라 새로운 삶의 가능성을 제시하는 초대입니다.

예수는 단지 역사 속 인물이 아니라, 지금도 살아 계셔서 우리 개인들과 인격적인 관계를 맺고 싶어 하십니다. 예수 그리스도는 모든 이에게 열린 사랑과 소망의 메시지를 전하신 분입니다. 이 분을 믿는 것은 종교에 들어가는 것만이 아니라, 새로운 삶의 기회를 받아들이는 일입니다. 예수님은 지금도 여러분을 사랑하시며, 내 삶에 깊은 변화와 참된 희망을 주려고 하십니다. 이 분을 받아들이면 삶에 새로운 의미와 방향이 생기며, 진정한 평화와 자유를 경험할 수 있습니다. 예수님을 믿고 그 사랑을 받아들여 나의 삶에 놀라운 변화와 소망으로 가득 차고 넘치기를 바랍니다.

Q_03

'삼위일체 하나님'이란 무엇이며, 왜 중요한가요?

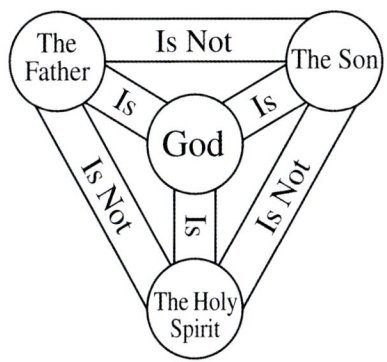

'삼위일체'(三位一體, Trinity)는 기독교에서 하나님을 설명하는 핵심 개념입니다. 한 분 하나님이지만, 세 위격 —성부, 성자, 성령— 으로 존재하신다는 말입니다. 어렵게 들릴 수 있지만, 이 개념은 하나님이 어떤 분인지, 우리와 어떤 관계를 맺기 원하시는지를 이해하는 데 중요합니다. 나아가 삼위일체는 기독교 신앙 전체를 이해하는 데도 매우 중요합니다. 그리고 '삼위일체'라는 개념을 조금만 들여다보면, 기독교가 어떤 신관(神觀)을 지니고 있으며, 왜 그것이 중요한지를 더 명확히 이해할 수 있습니다.

1. 삼위일체란 무엇인가요?

'삼위일체'라는 말은 "세 분이지만 한 분이신 하나님"을 뜻합니다. 이때의 세 분은 '성부', '성자', '성령'으로 불립니다. 그렇다면 이게 도대체 무슨 뜻일까요? 세 명의 신을 믿는다는 말인가요? 아니면, 한 명의 신이 세 가지 모습으로 나타난다는 뜻인가요? 기독교에서는 둘 다 아니라고 말합니다. 여기에서 각각의 의미를 자세히 살펴보겠습니다.

기독교인들은 하나님이 세 가지 다른 방식으로 존재한다고 말합니다. 이것은 각각의 독립된 역할과 인격을 가진 분들을 말하며, 모두 하나님으로 여깁니다. "세 위(位)의 하나님이 한 본질(本質) 안에 존재한다"는 의미로, '성부'(아버지 하나님)는 온 세상의 창조자이자 주권자이십니다. 세상을 만든 분이시며, 모든 만물을 다스리는 분으로 이해됩니다. 기독교에서는 이 분이 우리를 사랑으로 창조하시고, 지금도 우주를 유지하며 보살피신다고 믿습니다. '성자'(예수 그리스도)는 하나님이 인간의 모습으로 이 땅에 오신 분, 곧 '예수님'을 가리킵니다. 예수님은 하나님의 성품을 가지고 이 세상에 오셔서 하나님의 사랑과 구원을 직접 보여주셨습니다. 기독교에서는 예수님을 하나님 자신이 인간의 모습으로 온 것으로 믿고 있습니다. 마지막으로, '성령'(하나님의 영)은 보이지 않는 하나님의 영으로, 우리 곁에 계시며, 위로하고 인도해 주시는 분이십니다. 성령은 기독교인들에게 하나님이 임재를 느끼게 하고, 신앙생활을 돕는 역할을 하십니다. 이 세 분은 각각 다른 역할을 갖고 있지만, 본질은 하나인 하나님이십니다. 이쯤 되면 "그럼 결국 세 분의 하나님을 믿는다는 거 아니야?"라는 질문을 할 수 있습니다. 하지만 기독교는 다신교(여러 신을 믿는 종교)가 아닙니다. 기독교는 엄격하게 유일신 신앙을 주장하며, 오직 한 분의 하나님만 믿습니다.

'삼위일체'는 예수 그리스도가 이 땅에 오시기 전부터 구약성경 안에서 암시된 바 있습니다. 가령, 창세기 1장 1절에 "태초에 하나님이 천지를 창조하시니라"에서 '하나님'은 구약성경이 처음 기록될 때 언어였던 히브리어는 '엘로힘'이라는 복수형을 쓰고 있습니다. 그런데 이어지는 '창조하셨다'는 동사는 단수형입니다. 그러므로 성부, 성자, 성령 세 위격의 한 분 하나님, 즉 삼위일체 하나님이 함께 창조하셨다는 사실을 전해주고 있습니다. 그러나 구약성경과 신약성경에 '삼위일체'라는 명확한 단어는 없습니다. 그럼에도 삼위일체에 대한 성경적 증거는 가득합니다(예: 창세기 1장 26절의 "우리가 우리의 형상을 따라"라는 표현 등).

2. '삼위일체 하나님'이라는 개념이 그렇게 중요한가요?

삼위일체를 통해 기독교는 하나님이 멀리 떨어져 계시는 고립된 분이 아니라, 본래부터 인간과 사랑의 관계를 맺으시는 분이라고 가르칩니다. 또한, 이것은 하나님이 혼자 계시지 않고, 영원부터 완전한 사랑의 관계 안에 계셨음을 보여줍니다. 이는 하나님이 사랑

자체이시며, 그 사랑이 우리에게 흘러넘쳐 관계와 공동체를 이루게 한다는 메시지를 전달합니다. 따라서 하나님이 인간과 관계 맺는 방식을 설명하고, 그분의 사랑과 구원의 이야기를 더 잘 이해하도록 돕기 위해 '삼위일체' 개념이 필요합니다.

무엇보다 삼위일체 개념이 중요한 이유는 기독교가 가진 신관(神觀)을 설명하는 데 필수적이기 때문입니다.

첫째, 기독교의 신관은 오직 한 분 하나님만 믿는 '유일신관'입니다. 바다에서 '포세이돈'(Poseidon, 바다의 신)을 찾을 필요가 없습니다. 하늘에 올라가서 '아폴로'(Apollo, 태양의 신)를 찾을 필요도 없습니다. 우리에게는 어디를 가든 삼위일체 하나님이 항상 그곳에 계십니다. 따라서 삼위일체 하나님만이 온 우주를 주관하시는 유일한 신이 될 수 있습니다.

둘째, 삼위일체 하나님이 중요한 것은 우리의 구원 때문입니다. 만약 예수 그리스도가 참 하나님이 아니시고 사람이라면, 탁월한 선생이거나 종교적 천재일 뿐 구원자가 될 수는 없습니다. 그러면 우리의 구원은 사라지고 맙니다. 그리고 신앙공동체 안에서 경험되는 성령 하나님의 놀라운 구원의 역사를 설명할 수 있는 길도 없을 것입니다.

셋째, 삼위일체 하나님이 중요한 것은 "하나님!"을 부르는 것만으로 모두 해결되기 때문입니다. 힌두교에는 600여 신들이 있는데, 인도인들도 신들을 정확히 세는 것은 사실 불가능하다고 합니다. 힌두교의 신들은 다양한 형태와 역할이 있어서, 개인이 신앙과 지역

전통에 따라 특정 신을 주로 숭배합니다. 일본의 전통 신앙인 신도(神道)에서는 세상 만물에 800만의 신이 깃들어 있다고 합니다. 현재 일본에는 약 12만 개의 신사가 있으며, 이 신사들마다 다양한 신들을 모시고 있습니다. 그래서 자신들이 필요로 하는 신들을 찾아가야 하는 어려움이 있습니다.

하지만 기독교의 삼위일체 하나님은 그럴 필요가 없습니다. 내가 "하나님 아버지!"라고 할 때 이 아버지 안에서 구원의 성자 하나님(예수님)과 우리를 인도하시는 성령 하나님이 함께 활동하십니다. 내가 눈을 감고 "예수님!" 하면, 이 호칭 안에서 성부 하나님과 성령 하나님이 함께 역사하십니다. 동일하게 내가 "성령님!"을 부를 때 그 성령님 안에서 성자 하나님과 성령 하나님이 함께 역사하십니다. 하나님은 멀리 계신 분이 아니라, 지금도 가까이 계신 사랑의 하나님이십니다. 그리고 '삼위일체'가 중요한 것은 성경이 한 분 하나님을 가르치면서도, 예수와 성령을 하나님으로 가르치고 있기 때문입니다.

3. 삼위일체 하나님을 어떻게 이해할 수 있을까요?

비그리스도인들이 가장 많이 묻는 질문은 "세 분이신데 어떻게 한 분인가?"라는 것입니다. 사실 그리스도인들도 삼위일체 하나님을 잘 이해하지 못합니다. 이러한 물음에 중세시대의 위대한 신학자였던 토마스 아퀴나스(Thomas Aquinas, 1225-1274)의 말이 도움이 될 것입니다. 그에 의하면 "모든 진리는 두 영역 중 하나에 속한다. 즉, 자연에 속하는 '낮은 영역'과 은혜에 속하는 '높은 영역'이다. 여기에서 높은 영역에 속하는 주장은 권위(신앙고백)로 채택되어야 하는 반면, 낮은 영역에 속하는 것은 이성(reason)으로 알려져 있다. 따라서 자연현상과 같은 것은 순수한 이성으로 증명할 수 있다. 그렇지만 '하나님의 존재', '인간 영혼의 불멸', 그리고 '하나님의 삼위일체'와 같은 세부적인 교리 요소들은 인간의 독자적인 이성만으로는 알 수 없기 때문에 신앙고백(권위)으로 받아들여야 한다." 따라서 기독교의 신앙과 신학은 이성으로 알아갈 수 있는 것들은 배워야 합니다. 기독교의 신앙과 신학은 이성을 거부하거나 무시하지 않습니다. 그러나 이성의 범위를 넘어서는 영역에 대해서는 신앙고백으로 받아들여야 합니다. 이것까지도 이성으로 알 수 있다고 한다면 그는 결국 이단으로 넘어갈 수밖에 없을 것입니다. 더구나 유한한 인간이 '자존자'이시며, '초월자'이신 하나님을 온전히 알아간다는 것은 교만한 생각입니다. 하나님이 인간의 이성 안에서 모두 이해될 수 있는 분이라면, 우리가 그런 신을 믿어야 할 어떤 이유도 없을 것입니다. 왜냐하면 그는 인간에 의해 조작되고 만들어진 신일 뿐 참된 신이 아니기 때문입니다.

정리하겠습니다. 삼위일체는 기독교의 중심 메시지인 사랑과 관계를 설명합니다. 하나님은 한 분이시지만, 세 가지 방식으로 우리에게 다가오십니다. 기독교는 삼위일체를 통해 하나님이 단순히 세상을 통치하시는 절대자가 아니라, 우리와 관계를 맺기를 원하시는 것을 강조합니다. 이 신비로운 진리를 통해 우리는 하나님과 더 깊은 관계를 맺고, 사랑받는 존재로 살아갈 수 있습니다. 삼위일체 하나님은 지금도 우리와 함께하기를 원하십니다.

Q 04

고통과 악이 존재하는데도 하나님이 선하신 이유는 무엇인가요?

십자가에서 승리하는 예수님과 어둠을 뚫고 나오는 하나님의 빛, 그리고 하나님의 손을 붙잡는 연약한 사람을 표현하고 있다.

우리는 세상에 고통과 악이 존재하는 것을 보면서 종종 묻습니다. "하나님이 정말 선하시고 전능하시다면 왜 이런 고통과 불행이 계속되는 걸까?" 이 질문은 단지 철학적, 신학적 주제를 넘어서 실제로 병을 앓고 전쟁을 겪으며, 사랑하는 이를 잃은 사람들에게는 매우 개인적이고 절실한 질문이며, 믿음을 가진 사람에게도 신앙이 흔들릴 만큼 무거운 주제가 될 수 있습니다. 그러나 기독교는 이런 질문에 외면하지 않고, 단순한 해답보다 더 깊고 실제적인 통찰을 제공합니다. 하나님의 선하심은 고통 속에서도 여전히 유효하며, 그 속에는 이해하기 어려운 차원의 사랑과 계획이 담겨 있다는 것을 함께 고민하도록 초대합니다.

1. 자유 의지와 선택의 중요성입니다

우리가 일상에서 경험하는 많은 일들은 선택에 따라 달라집니다. 아침에 일어나 무엇을 먹을지, 어떤 옷을 입을지, 누구와 만나고 어떤 이야기를 나눌지, 모두 우리의 선택입니다. 우리가 자유롭게 선택할 수 있기 때문에 삶이 흥미롭고 의미가 있습니다. 하지만 선택에는 책임이 따릅니다. 어떤 선택은 좋은 결과를 가져오지만, 또 어떤 선택은 예상치 못한 문제를 일으키기도 합니다. 예를 들어 한 가족이 행복하게 저녁 식사를 하고 있는데, 한 사람이 화를 내며 큰 소리로 말을 하면 분위기가 갑자기 어색해집니다. 반대로, 따뜻한 말 한마디를 건네면 그 자리가 더욱 즐거워질 수도 있습니다. 이런 상황들은 단순한 우연이 아니라 각자의 선택에서 비롯됩니다.

기독교에서는 인간이 '자유 의지'를 가지고 있다고 가르칩니다. 하나님은 인간에게 자유 의지를 주셨습니다. 로봇처럼 강제로 선을 행하게 만든 것이 아니라 스스로 선택하도록 하셨습니다. 왜 그럴게 하셨을까요? 우리가 누군가를 사랑한다고 가정해 봅시다. 그런데 이 사람의 사랑이 '프로그래밍된' 것이라면 어떨까요? 진짜 사랑이라고 느껴지겠어요? 만약 로봇이 "나는 당신을 사랑합니다"라고 말한다 해도, 이것이 입력된 대사라면 감동이 없을 것입니다. 사랑은 강요될 수 없고, 자발적인 선택일 때만 의미가 있기 때문입니다. 마찬가지로, 하나님이 인간을 사랑하시고 인간도 하나님을 사랑하는 것을 원하신다면, 자유 의지를 주시는 것이 필연적이었을 것입니다. 인간이 스스로 사랑을 선택하지 않으면 그것은 진정한 사랑이 될 수 없습니다. 우리가 선을 행할 수 있지만, 동시에 악을 행할 수 있는 이유도 여기에 있습니다.

그렇다면 자유 의지가 있다면 반드시 악이 존재할 수밖에 없는 걸까요? 꼭 그렇지는 않지만 자유가 있다면 잘못된 선택을 할 가능성이 존재하는 것이 사실입니다. 우리가 자유롭게 행동할 수 있는 만큼, 그것이 누군가에게 상처를 주거나 해를 끼칠 수도 있습니다. 차를 운전한다고 가정해 봅시다. 운전하는 것은 자유입니다. 그러나 신호를 무시하거나 과속을 하면 사고 날 가능성이 높아지고, 누군가 다칠 수도 있습니다. 그렇다고 해서 운전하는 자유를 없애야 한다는 주장은 설득력이 없습니다. 대신 우리는 운전할 때 규칙을 지키고, 안전하게 운전하도록 배우고 노력해야 합니다. 마찬가지로, 인간은 자유 의지를 가지고 있기 때문에 이 세상에는 좋은 일이 있으며 동시에 나쁜 일도 많습니다. 전쟁, 범죄, 환경 파괴 같은 문제들은 대부분 인간의 잘못된 선택에서 비롯됩니다. 하지만 우리에게 자유가 없다면 진정한 사랑이나 선행을 경험할 수 없을 것입니다. 기독교는 이 점을 강조합니다. 하나님은 우리에게 자유를 주셨고, 또 자유를 통해 '사랑'과 '선'을 선택할 기회도 주셨습니다. 하지만 이 자유를 남용하면 고통과 악이 발생할 수 있습니다. 즉, 악이 존재하는 이유는 하나님이 우리를 사랑하셔서 자유를 주셨기 때문이며, 문제는 이 자유를 어떻게 사용하느냐에 달려 있다는 것입니다.

그렇다면 "왜 하나님은 인간이 실수하지 않도록 미리 막지 않으셨을까?"라는 질문을 할 수 있습니다. 앞서 이야기한 것처럼, 만약 하나님이 모든 선택을 미리 통제하셨다면 우리는 진정한 의미의 자유를 가질 수 없었을 것입니다. 그리고 자유가 없다면 단순히 프로그래밍된 로봇에 불과할 것입니다. 이렇게 자유 의지는 우리 삶을 더욱 풍요롭게 만들어 주는 동시에, 어떻게 살아가야 할지에 대한 중요한 책임도 함께 줍니다. 따라서 고통과 악의 문제는 "하나님이 왜 이것을 막지 않으셨을까?"라는 질문이 아니라, "우리에게 주어진 자유를 어떻게 사용해야 할까?"라는 더 깊은 질문으로 이어집니다. 그리고 이 질문에 대한 답을 찾아가는 것이야말로 우리가 더욱 성숙하고 의미 있는 삶을 살아가는 과정이라고 할 수 있습니다.

2. 고통을 통해 배우는 성장과 성숙입니다

고통과 어려움은 우리 삶에 꼭 필요한 것일까요? 우리는 대부분 고통을 피하고 싶어 하는데 당연한 반응입니다. 힘든 일이 없으며 아프지 않고 걱정 없이 살 수 있다면 얼마나 좋을까요? 하지만 현실적으로는 누구나 인생에서 크고 작은 어려움을 겪게 됩니다. 그런데 생각해 봅시다. 우리가 정말 어려움 없이 살았다면, 지금보다 더 나은 사람이 될 수 있었을까요? 우리가 인생에서 가장 많이 배우고 성장하던 순간이 언제였는지를 떠올려 보면, 대개 가장 힘들었던 시기와 연결되었을 가능성이 큽니다. 운동을 하면 근육이 아프고 힘이 듭니다. 처음에는 어렵고 숨이 차며 피곤해집니다. 그런데 반복할수록 몸이 점점 강해지고 건강해지는 것을 경험하게 됩니다. 만약 운동할 때마다 조금만 힘들어도 그만두었다면 절대로 강해질 수 없었을 것이며, 오히려 약해지고 쉽게 지치는 몸이 되었을 것입니다.

우리 삶도 마찬가지입니다. 어려운 상황을 겪으면서 인내하는 법을 배우고, 이 과정을 통해 더욱 성숙한 사람이 됩니다. 실패를 경험해 보지 않은 사람은 실패를 겪고 있는 사람의 아픔을 이해할 수 없습니다. 그러나 실패를 경험해 본 사람이라면 다른 사람의 실패를 비난하지 않고, 오히려 공감하며 위로할 것입니다.

이런 점에서 기독교는 고통이 의미 없는 고난이 아니라, 하나님이 우리를 빚어 가시는 도구라고 말합니다. 물론 고통 자체는 즐겁지 않습니다. 하지만 하나님이 이 과정을 통해 우리를 더욱 강하고 성숙한 사람으로 만들어 가신다고 믿고 있습니다. 평소에는 하나님이 필요하다는 것을 크게 느끼지 않던 사람도 큰 어려움을 겪을 때는 자연스럽게 기도드리게 됩니다. 이 과정에서 자신의 한계를 깨닫고 더 깊은 성찰을 하며, 인생에서 진짜 중요한 것이 무엇인지를 고민하게 됩니다. 고통은 우리를 힘들게 하는 것이 아니라 더 깊은 삶의 의미를 깨닫고, 보다 나은 사람이 되도록 돕는 역할을 한다고 봅니다. 다시 말해 피해야 할 불행이 아니라 우리가 성장하는 기회가 될 수 있다는 것입니다. 이것이 고통을 긍정적으로 받아들이라는 뜻은 아닙니다. 우리가 겪는 어려움이 헛되지 않으며, 이 과정을 통해 더 깊고 의미 있는 삶을 살 수 있다는 점을 기억하는 것이 중요합니다.

3. 악(惡) 속에서도 드러나는 선(善)의 가능성입니다

어둠이 있어야 빛이 더 밝게 보인다는 말이 있습니다. 낮에는 별이 보이지 않지만, 밤이 깊어질수록 더욱 선명하게 빛납니다. 마찬가지로 악과 고통이 존재할 때, 우리는 선과 사랑의 가치를 더욱 강하게 느끼게 됩니다. 전쟁이 일어나면 수많은 사람이 다치고 희생됩니다. 하지만 이런 상황에서도 가족을 지키기 위해, 혹은 나라를 지키기 위해서 희생하는 헌신적인 사람들을 봅니다. 인간이 본능적으로 가지고 있는 선함이 위기 속에서 더 강하게 빛을 발하는 것입니다. 만약 이런 희생이 없었다면 세상은 더 쉽게 무너졌을지 모릅니다. 그리고 세상에 악과 고통이 전혀 없다면 이런 희생과 사랑도 자연스럽게 드러날 기회가 없었을 것입니다.

기독교에서는 이러한 관점을 중요하게 생각합니다. 하나님이 악을 가지고 계신다면, 우리는 어려움 속에서도 희망을 놓지 않을 수 있습니다. 이것이 기독교에서 말하는 하나님의 선하심입니다. 하나님은 지금의 불행을 없애는 것이 아니라, 더 큰 이야기 속에서 모든 고통과 악을 궁극적으로 해결하실 분입니다. 그리고 우리는 이 완전한 회복을 향해 가는 과정 속에 있습니다.

    우리가 이해하기 어렵고 설명할 수 없는 고통도, 언젠가는 그 이유를 깨닫게 될 날이 올 것입니다. 퍼즐을 맞춰갈 때 중간에는 어떤 그림인지 알 수 없지만, 마지막 조각이 들어맞으면 전체 그림이 완성되는 것처럼 말입니다. 기독교가 말하는 희망은 단순한 '좋은 말'이 아니라, 이 세상이 어떻게 끝날 것인지에 대한 분명한 메시지입니다. 고통과 악이 지금은 강한 힘을 가지고 있는 것처럼 보이지만, 마지막에는 선과 사랑이 승리할 것이라는 확신이 기독교 신앙의 핵심입니다.

Q_05

구원은 무엇이며, 어떻게 얻을 수 있는가요?

이 그림은 구원의 여정을 상징하며, 평안과 희망을 표현하고 있다.

여러분은 '구원'이라는 단어를 들어보신 적이 있으신지요? 이 '구원'이라는 단어는 평소에 잘 쓰지 않는 것이어서 낯설 수 있지만, 사실은 우리 삶과 매우 깊은 관련이 있는 개념입니다. 즉, 종교적인 상황에서만 쓰이는 용어가 아니라, 우리 내면의 깊은 갈망과 연결된 말이라는 뜻입니다. 우리는 종종 삶의 무게, 불안, 공허함 속에서 "이 상황에서 벗어나고 싶다", "지금보다 더 나은 삶을 살고 싶다"는 생각을 할 때가 있습니다. 어떤 사람은 반복되는 실패와 후회 속에서, 또 어떤 사람은 사랑받지 못한다는 외로움 속에서 마음의 길을 잃기도 합니다. 기독교에서 말하는 구원이란 죽음 이후를 가리키는 것이 아니라, 이러한 마음의 문제와 인간 존재 깊은 곳에서 느끼는 갈증에 대한 하나님의 응답입니다. 결국 '구원'은 무언가 또는 누군가를 위험에서 건져내는 것, 혹은 문제로부터 자유롭게 되는 것을 말하는 것입니다.

1. 구원이 필요한 이유는 우리 삶에서 느끼는 문제와 부족함 때문입니다

우리는 누구나 삶에서 실패와 외로움, 죄책감 같은 문제들을 경험합니다. 아무리 노력해도 마음속 공허함이 채워지지 않을 때가 있습니다. 기독교는 이것이 '죄'에서 비롯된다고 설명합니다. 여기서 말하는 '죄'란 단순한 잘못이 아니라 본질적인 문제를 가리킵니다. 쉽게 말하면, 우리 안에 있는 왜곡된 본능과 성향, 그리고 우리가 옳은 길을 알면서도 다른 선택을 하게 되는 '연약함'을 말하는 것입니다. 예를 들어, 우리는 누군가를 사랑하고 용서하고 싶지만, 결국 화를 내거나 원망하는 마음을 품게 될 때가 있습니다. 또 나쁜 선택인 줄 알면서도 충동적으로 그 길을 택할 때도 있습니다. 바로 이런 부분이 기독교에서 말하는 '죄'의 본질입니다. 따라서 죄는 "하나님과 단절된 상태"이며, 그 결과로 내면의 갈등과 관계의 깨어짐이 발생하는 것입니다.

그래서 기독교에서는 '구원'이 필요하다고 이야기합니다. 구원은 나쁜 일을 하지 않게 해주는 것이 아니라, 내면적인 갈등과 고통, 그리고 하나님과 사람들 사이에 깨어진 관계를 다시 회복시키는 길을 말합니다. 이것은 우리가 잃어버렸던 무언가를 다시 찾으며 길을 잃었을 때, 누군가가 손을 내밀어 길을 안내해 주는 것과 같습니다. 결국 구원이란 이러한 깊은 분리와 단절 상태에서 벗어나 하나님과의 관계 회복, 즉 본래 있어야 할 자리로 돌아가는 것을 의미합니다. 이런 관점에서 보면 구원이란 종교적인 언어만이 아니라, 모두의 삶에서 경험할 수 있는 매우 현실적인 문제와 연결되어 있음을 알 수 있습니다. 누구나 삶 속에서 불완전함과 부족함을 느끼는 순간이 있고, 이런 순간에서 구원이 필요한 이유가 생기는 것입니다.

2. 구원이란 관계의 회복과 새로운 시작입니다

기독교의 세계관에서 하나님은 우리를 사랑으로 창조하신 분이자, 부모와 같은 분이라고 이해합니다. 하지만 앞에서 말씀드린 '죄'라는 것이 우리 내면뿐 아니라 하나님과의 관계까지 깨어지게 했다고 봅니다. 다시 말해, 우리가 하나님을 떠나고 그분의 뜻과 반대되는 길을 선택하면서 하나님과의 관계가 멀어졌다는 것입니다. 이 상황은 마치 부모와 자녀가 큰 오해와 다툼으로 서로 멀어진 상태와 비슷합니다. 자녀가 부모의 마음을 오해하거나 또는 부모가 자녀를 기다리면서도 먼저 다가가지 못할 때 벽이 생길 수 있습니다. 그래서 이 관계를 회복하려면 누구든 먼저 용기를 내어 손을 내밀어야 하지 않을까요? 기독교에서는 하나님이 이 역할을 하신다고 말합니다. 하나님은 우리가 그분과 멀어졌지만 여전히 우리를 사랑하시고, 먼저 손을 내미셔서 관계를 회복하기 원하신다고 믿고 있습니다. 이 손길이 '구원'이라는 이름으로 표현되는 것입니다.

그러므로 기독교에서 말하는 구원은 죽은 다음 천국에 가는 것이 아닙니다. 구원은 이 순간부터 시작되는 하나님과의 '관계 회복'입니다. 이 회복은 우리 내면을 변화시키고, 삶의 방향과 의미를 새롭게 합니다. 예를 들어, 자신을 용서하지 못했던 마음이 풀어지고, 주변 사람들과의 관계가 새롭게 만들어질 수 있습니다. 그리고 삶에서 느꼈던 막연한 공허함이나 의미 없는 싸움이 아닌, 더 깊은 평안과 목적을 발견하게 됩니다. 한 마디로 구원이란 미래의 일이 아니라, 이 순간부터 우리 삶을 새롭게 만들어가는 출발점입니다. 따라서 구원은 종교적인 개념이 아니라 우리 삶의 깊은 곳에서부터 '회복'과 '새로움'을 경험하는 실제적인 변화의 길이라고 보시면 됩니다. 이 이야기가 낯설거나 어렵게 느껴질 수 있지만, 한 가지를 기억하면 좋겠습니다. 구원은 우리가 해결하지 못했던 많은 문제들에 대해 하나님께서 손을 내미시는 '선물'과 같은 것입니다. 이처럼 하나님은 멀리 떨어져 계신 분이 아니라, 우리의 삶 속에 함께하시며 회복을 원하시는 분이십니다.

3. 구원의 길은 예수 그리스도를 통해 주어집니다

우리 삶에서 어떤 문제가 생겼을 때 해결책을 찾는 과정은 참으로 중요합니다. 건강에 문제가 생겼을 때는 의사에게 도움을 요청하고, 경제적인 어려움이 있을 때는 재정 상담을 받기도 합니다. 그렇다면 내면에서 오는 불안감이나 죄책감, 삶의 목적을 잃은 것 같은 공허함은 어떻게 해결할 수 있을까요? 기독교에서는 그 답을 "예수 그리스도"를 통해 제시합니다.

기독교는 예수님이 우리를 위한 구원의 길을 여셨다고 믿고 있습니다. 예수님은 하나님이 사람이 되어 이 땅에 오신 분입니다. 그렇다면 왜 하나님이 그렇게까지 하셨을까요? 기독교에서는 예수님이 이 땅에 오신 이유가 우리의 죄와 한계를 해결하기 위해서라고 말합니다. 여기서 핵심적인 사건이 예수님의 '십자가'와 '부활'입니다. 이제 십자가는 수치스러운 역사적인 처형 도구가 아니라, 우리 '죄'와 '문제'를 짊어지신 예수님의 사랑의 상징으로 봅니다. 우리가 스스로 해결할 수 없었던 문제를 예수님이 대신 지시고, 그 대가를 모두 치르셨다는 것입니다. 앞에서 말씀드렸듯이 우리가 빌린 부채가 너무 커서 평생 노력해도 갚을 수 없을 정도인데, 이것을 누가 대신 갚아줬다고 생각해 보세요. 그러면 우리는 그 빚의 독촉에서 자유로워 집니다. 기독교에서는 예수님의 십자가 사건을 이런 식으로 이해합니다. 우리가 해결할 수 없는 죄의 문제를 예수님이 대신 지셨다는 것입니다.

하지만 이것만이 아니라, 예수님이 죽음을 이기고 살아나셨다는 것입니다. 기독교에서는 이것이 죽음마저 극복할 수 있는 새로운 생명의 길이 열렸다는 것을 보여주는 사건으로 믿고 있습니다. 부활은 예수님 한 분만의 이야기로 끝나는 것이 아니라, 우리 모두에게 "새로운 시작이 가능하다"는 희망의 메시지를 전달합니다. 예수님이 열어주신 길은 우리가 하나님과 관계를 회복할 뿐만 아니라, 우리 삶에서 새로운 의미와 목적을 발견하게 한다는 것입니다. 그래서 기독교는 말합니다. 예수님은 단순히 종교의 창시자가 아니라, 우리를 위해 길을 열어주신 분이라고! 우리가 아무리 노력해도 해결할 수 없는 문제, 즉 우리 내면의 갈등과 한계를 넘어설 수 있도록 예수님이 먼저 손을 내밀어 주신 것입니다. 예수님은 "내가 곧 길이요 진리요 생명이라"고 하셨습니다. 이 말은 오직 예수님만을 통해 하나님께 나아갈 수 있다는 것입니다. 따라서 구원의 길은 예수님을 통해서 시작되며, 그 길은 누구나 걸을 수 있도록 준비된 길이라는 점을 기억하시면 좋겠습니다.

4. 구원은 은혜로 주어지며 믿음으로 받습니다

구원은 노력이나 조건으로 얻는 것이 아닙니다. 기독교에서 구원을 얻는 핵심은 두 가지 단어로 요약됩니다. '은혜'와 '믿음'입니다. 이 두 가지를 풀어서 말씀드리겠습니다.

1) 은혜(Grace): 하나님의 선물로 주어진 해결책입니다

기독교에서는 '은혜'라는 단어를 많이 사용합니다. '은혜'란 우리가 스스로 해결할 수 없는 문제를 하나님이 먼저 해결해 주셨다는 뜻입니다. 즉, 하나님이 우리를 위해 먼저 손을 내밀어 주셨다는 것입니다. 여러분이 엄청난 빚에 빠졌다고 상상해 보세오. 그 빚은 너무 커서 여러분 혼자서 절대로 갚을 수 없는 상황입니다. 그런데 누가 나타나서 대신 전부 갚아 주고, "이제 빚에서 완전히 자유로워졌다"고 선언해 주었습니다. 여러분은 아무것도 하지 않았지만, 그 사람 덕분에 빚에서 해방된 것입니다. 기독교에서는 예수님이 우리의 '영적인 빚'을 갚아 주신 분으로 이해합니다. 우리가 아무리 선한 행동을 하려고 노력해도 스스로 해결할 수 없는 죄와 한계를 예수님이 대신 지셨다는 것입니다. 이처럼 구원은 인간의 공로나 업적이 아니라, 하나님이 우리에게 주시는 무조건적인 선물로 설명됩니다. 이것이 바로 '은혜'입니다.

2) 믿음(Faith): 내밀어진 손을 붙잡는 고백입니다

그러면 우리가 할 일은 무엇일까요? 하나님이 이미 내미신 손을 붙잡는 것입니다. 이것을 기독교에서는 '믿음'이라고 표현합니다. 누군가가 여러분에게 값진 선물을 주신다고 생각해 보세요. 이 선물을 받기 위해 여러분이 해야 할 일은 "네, 감사합니다"라며 받는 것입니다. 선물은 이미 그 사람의 호의와 사랑으로 준비된 것이고, 우리는 이것을 받아들이면 됩니다. 기독교에서 말하는 믿음도 이와 같습니다. 믿음은 특별한 행위를 요구하지 않습니다. 다만 하나님이 주시는 구원을 "네! 저는 그것을 믿습니다. 감사합니다"라고 고백하며 받아들이는 것입니다. 그래서 이 고백이 하나님과의 관계를 회복하는 첫걸음이 됩니다.

3) 은혜와 믿음의 관계

그렇다면 '은혜'와 '믿음'은 어떤 관계일까요? 여러분이 깊은 강물에 빠졌다고 상상해 보세요. 혼자 힘으로는 헤엄쳐 나올 수 없는 상황입니다. 이때 누군가가 구명 튜브를 던졌습니다. 이 구명 튜브는 나를 살리기 위해 다른 사람이 준비한 것입니다. 이 구명 튜브가 아니었다면 강에서 빠져나올 수 없었을 것입니다. 그렇지만 구명 튜브가 있다고 자동으로 빠져나오는 것은 아닙니다. 내가 이 튜브를 붙잡아야 구원받을 수 있는 것입니다. 여기서 구명 튜브가 바로 '은혜'이고, 이것을 붙잡는 행위가 '믿음'이라고 보시면 됩니다. 하나님은 은혜로 구원의 길을 이미 열어주셨고, 우리가 믿음으로 이것을 붙잡음으로 하나님과의 관계를 회복하게 되는 것입니다.

4) 구원이 주는 실제적인 변화

마지막으로, 은혜와 믿음으로 구원받게 되면 어떤 변화가 생길까요? 기독교에서는 "천국에 가기 위한 티켓을 받는다"는 차원이 아니라, 이 순간부터 우리 삶이 새로워진다고 말합니다. 하나님의 은혜와 사랑을 깨닫게 되면 삶의 시선이 달라집니다. 내면에 평안이 찾아오고 다른 사람들을 더 사랑하며 용서할 수 있는 힘이 생깁니다. 이제는 더 이상 혼자 살아가는 것이 아니라 하나님이 함께하신다는 확신 속에서 새로운 목적과 희망을 발견하게 됩니다.

구원은 멀리 있는 종교적 개념이 아니라, 우리 삶에 실제로 필요한 회복의 이야기입니다. 즉 구원은 우리가 이미 삶 속에서 느꼈을 문제들—불안, 고통, 외로움, 삶의 공허함—에 대한 하나님의 응답이자, 우리에게 내미시는 손이라는 것입니다. 따라서 우리에게 필요한 것은 마음을 하나님께 열고 그분의 손을 잡는 것입니다. 예수님은 성경에서 이렇게 말씀하십니다. "수고하고 무거운 짐 진 자들아, 다 내게로 오라. 내가 너희를 쉬게 하리라"(마태복음 11:28). 이 말씀은 지금도 우리를 초대하시는 하나님의 약속입니다. 이 초대에 마음을 열어보지 않으시겠습니까?

제가 권하고 싶은 것은 한 번 하나님과 대화를 해보시라는 것입니다. 특별한 형식이나 방법이 필요한 것도 아닙니다. 친구와 이야기하듯, 솔직한 마음으로 하나님께 이야기해 보세요. "하나님! 정말 계신지 모르겠지만, 제가 당신의 사랑을 알고 싶습니다. 저에게 당신을 보여주세요." 이렇게 기도하는 순간, 하나님은 여러분의 마음에 응답하실 것입니다. 혹시 조금 더 알고 싶으시다면, 기독교 예배나 모임에 참여해 보세요. 또는 성경을 천천히 읽는 것도 좋은 시작이 될 수 있습니다. 성경은 하나님이 우리에게 주신 사랑의 편지와도 같습니다. 그 속에는 우리를 향한 하나님의 마음과 구원의 길에 대한 이야기들이 담겨 있습니다. 여러분의 삶 속에서 하나님이 준비하신 회복과 새로움을 경험하실 수 있기를 진심으로 바랍니다. 그리고 여러분 안에 어떤 변화가 일어나는지 스스로 경험해 보시기를 바랍니다.

Q 06

타종교와 기독교는 어떻게 다른가요?

종교는 인간의 삶에서 '위로', '방향', '의미'를 제시해주는 중요한 역할을 합니다. 그러나 모든 종교가 같은 방식으로 시작되고 작동하는 것은 아닙니다. 크게 보면 '인간이 만든 종교'와 '신이 먼저 다가오신 종교'로 나눌 수 있습니다. 전자는 인간의 필요에서 출발하고, 후자는 초월적인 존재의 계시에서 시작됩니다. 이런 차이를 구분하는 데 유용한 개념이 '초등종교'와 '고등종교'입니다. 기독교는 후자의 대표적인 예로, 인간이 만든 것이 아닌 하나님이 먼저 찾아오신 이야기입니다. 따라서 이 글에서 우리는 기독교와 타종교가 어떤 점에서 다른지를 초등종교와 고등종교라는 관점을 통해, 기독교를 믿지 않는 사람도 쉽게 다가갈 수 있었으면 좋겠습니다.

1. 기독교는 인간이 만든 종교가 아닙니다

우리가 흔히 말하는 종교는 '초등종교'와 '고등종교'로 나눌 수 있는데, 이것은 종교의 시작과 목적에서 큰 차이를 보여줍니다. 먼저 '초등종교'란 인간이 처한 자연현상이나 두려움을 해석하려는 과정에서 생겨난 것을 말합니다. 비가 오지 않으면 비의 신에게 제사를 지내고, 전쟁이 나면 전쟁의 신에게 제물을 바칩니다. 이런 종교는 인간의 본능적 필요―생존, 안전, 풍요―에서 출발합니다. 말 그대로 인간이 부족함이나 두려움을 채우기 위해 만들어낸 종교라는 점에서 '초등'이라는 단어가 붙습니다.

반면에 '고등종교'는 반대입니다. 인간이 신을 만든 것이 아니라, 신이 인간을 만드셨고, 인간과 관계 맺기를 원하셨습니다. 신은 스스로 존재하시며, 우리가 신을 필요로 하기 전에 이미 계셨습니다. 고등종교는 초월적인 존재로부터 시작되었고, 인간이 다가가려고 애쓰지 않아도 다가오시며, 인간에게 삶의 목적과 방향을 제시했다고 믿는 것입니다.

그래서 고등종교는 초등종교보다 훨씬 더 근본적이고 포괄적인 질문을 던집니다. "우리는 왜 존재하는가?", "삶의 궁극적 목적은 무엇인가?", "죽음 이후에는 무엇이 기다리고 있는가?"와 같은 질문들입니다. 기독교는 고등종교의 대표적인 예로, 인간의 필요를 채우기만 하는 종교가 아니라, 우리 내면과 삶 전체를 새롭게 변화시키려는 깊은 가르침을 제시합니다. 그렇다면 초등종교와 고등종교는 구조적으로만 다른 것이 아니라, 출발점 자체가 다르다는 것을 알 수 있습니다. 이런 차이를 알면, 기독교가 종교적인 의식에만 머물지 않고 삶 전체를 바라보는 신앙 체계를 가졌다는 것을 이해하기 쉬울 것입니다.

2. 기독교의 하나님은 스스로 계신 분입니다

우리가 종교를 생각할 때 가장 중요한 주제 중 하나는 '신'(神)에 관한 이해입니다. 종교마다 신에 관한 개념이 다르기 때문에 그 차이를 이해하면 기독교와 타종교가 왜 다른지 알 수 있습니다.

먼저, 기독교에서의 하나님은 인간이 만들어낸 존재가 아니라, 모든 존재의 근원이신 분입니다. 하나님께서는 출애굽기 3장 14절에서 "나는 스스로 있는 자니라"고 말씀하시면서 자신을 알려주셨습니다. 여기서 '스스로 있는 자'라는 말은 외부적인 이유나 필요에 의해 존재하는 것이 아니라, 처음부터 존재하셨다는 뜻입니다. 즉, 하나님은 우주와 인간을 포함한 모든 존재의 창조주이자, 그 존재 자체를 가능하게 하는 분이라는 것입니다. 이것은 전기가 없으면 전등을 켤 수 없는 것처럼, 하나님이 없으면 세상과 우리가 존재할 수 없다는 것입니다. 하나님은 우리가 필요할 때만 나타나는 신이 아니라 우리가 숨을 쉬고 살아가며, 이 세상이 돌아가는 모든 과정에 늘 존재하시는 분입니다. 기독교에서는 이런 하나님을 '초월적이며 영원한 존재'로 믿고 있습니다.

반면에, 초등종교에 나오는 신들은 인간의 특정한 상황과 필요에 따라 다양한 신들이 만들어졌습니다. 그리고 이런 신들의 특징은 그 역할이 특정 상황에 국한됩니다. 비를 내려주는 신은 농사와 관련된 문제를 해결하는 데 의미가 있고, 전쟁의 신은 군사적 승리를 도와주는 역할에 머뭅니다. 다시 말해, 이 신들은 특정한 요구를 충족시키기 위해 만들어졌기 때문에, 그 존재 범위나 역할이 제한적이라는 것입니다. 인류 역사에서 사람들이 섬겨온 신들의 수를 정확히 파악하는 것은 어렵습니다. 각 문화와 종교마다 고유한 신들을 가지고 있으며, 그 수는 수천에서 수만에 이를 수 있습니다.

기독교의 하나님과 인간이 만든 신들을 비교해 볼까요? 가장 큰 차이는 '존재의 본질'입니다. 기독교의 하나님은 인간이 필요로 하기 전부터 존재하셨고, 모든 것을 창조하신 분입니다. 반면에 타종교의 신들은 인간이 '필요하다'고 느낄 때 만들어진 존재입니다. 이 차이는 단순한 관념을 넘어서 종교적 신앙이 어떻게 작동하는지를 보여줍니다. 기독교에서의 하나님은 우리를 위해 존재하는 분이 아니라, 우리가 의존하며 살아가야 하는 존재입니다. 그러나 인간이 만든 신들은 우리의 요구에 따라 만들어지고, 요구가 없어지면 잊혀지거나 사라질 수 있습니다. 이러한 비교를 통해 기독교가 왜 '스스로 계신 하나님'을 강조하며, 인간과 신의 관계를 근본적으로 다르게 이해하는지 조금 더 이해할 수 있을 것입니다.

3. 기독교는 사랑의 관계를 강조합니다

종교를 생각할 때 가장 중요한 부분 중 하나가 바로 "신과 인간의 관계"입니다. 초등종교는 신과 인간의 관계를 거래적으로 이해하면서 '조건'에 따라 작동합니다. 예를 들면 인간이 신에게 제사를 드리면 복을 받고, 아니면 벌을 받는 식입니다. 이러한 관계는 인간의 필요를 충족시키는 데 초점이 맞춰 있습니다. 가뭄이 들면 비를 내려줄 신에게, 병이 들면 치유의 신에게 도움을 요청하는 식입니다. 중요한 점은 신과의 관계를 주로 자신에게 필요한 것을 얻기 위한 수단으로 본다는 것입니다. 그래서 신이 소원을 들어주지 않으면 다른 신을 찾는 경우도 많습니다. 이렇게 조건적이며, 신뢰보다는 교환의 논리가 중심이 됩니다.

하지만 기독교는 거래 관계가 아니라 하나님과 인간이 사랑과 신뢰를 바탕으로 연결되었다고 보고 있습니다. 성경에서는 하나님을 아버지로, 인간을 그의 자녀로 표현합니다. 따라서 하나님은 우리가 무엇을 잘해서가 아니라, 있는 그대로를 사랑하십니다. 이러한 관계는 일방적인 것이 아니라, 서로의 마음이 연결되는 인격적인 관계입니다. 기독교는 이런 관계를 가능하게 한 핵심 요소로 예수 그리스도를 강조합니다. 하나님은 인간과의 관계를 회복하기 위해 자신의 아들인 예수님을 이 땅에 보내셨고, 예수님은 우리 죄를 대신

하여 십자가에서 죽으셨습니다. 이것은 인간이 복을 받기 위한 조건이 아니라, 하나님께서 인간을 얼마나 사랑하시는지를 보여주는 희생적 사랑의 모습을 보여주는 것입니다.

이처럼 두 가지를 비교하면 차이가 분명해집니다. 기독교에서는 하나님이 인간에게 조건 없이 사랑을 주시고, 인간은 그 사랑에 감사하며 응답하는 관계를 추구합니다. 인간은 하나님과 함께하는 것 자체를 기쁨으로 여기고, 하나님도 우리와의 관계를 소중히 여기십니다. 반면에 초등종교에서는 신과 인간이 서로의 필요를 채워주는 조건적인 관계에 머물러 있습니다. 인간이 신을 섬기는 이유는 자신의 욕구를 충족시키기 위해서입니다. 그러므로 기독교는 단순한 종교적 의식에 머물지 않고, 삶 전체를 변화시키는 신앙 체계를 가지고 있다는 것을 알 수 있습니다.

4. 기독교는 영원한 진리를 말합니다

종교를 생각할 때 사람들은 저마다의 이유로 찾고 있습니다. 그런데 종교는 어떤 목적으로 존재하느냐에 따라 그 방향이 달라지는데, 이 점에서 기독교와 초등종교가 크게 다릅니다. 그것은 기독교가 전하는 영원한 진리와 초등종교가 다루는 현실적인 필요의 차이라고 할 수 있습니다.

초등종교는 우리가 현실에서 겪는 문제를 해결하기 위해 만들어진 종교입니다. 즉 사람들이 당장 겪고 있는 문제를 해결하는 데 초점이 맞춰져 있습니다. 그래서 어떤 면에서는 매우 실용적인데, 내가 원하는 바를 신에게 바치고, 신은 대가로 원하는 것을 들어주는 방식이기 때문입니다. 그러나 이런 방식에는 '일시적'이라는 한계가 있습니다. 이처럼 초등종교는 '현실적 필요'를 충족시키는 데 초점이 맞춰져 있기에 인간의 근본적인 질문, 즉 "삶의 의미는 무엇인가?" "우리는 왜 존재하는가?"와 같은 깊은 질문에는 답을 주지 못합니다.

반면에 기독교는 인간의 일시적 필요를 넘어 '영원한 진리'를 이야기합니다. 기독교에서 하나님은 인간이 원하는 것을 들어주기 위해 존재하는 분이 아닙니다. 물론 우리의 필요를 채워주시기도 하지만, 기독교가 말하는 하나님의 가장 중요한 메시지는 '삶의 궁극적인 목적'과 '영원한 생명'에 대한 것입니다. 예수님은 "나는 길이요, 진리요, 생명이다"라고 하셨습니다. "길과 진리와 생명"이란 지금 필요한 것을 해결하는 게 아니라, 인간이 어디에서 와서 어디로 가는지, 그리고 어떻게 살아야 하는지를 보여주는 궁극적인 방향을 말하는 것입니다.

기독교와 타종교의 차이를 한마디로 정리하면? 타종교는 인간의 필요에 의해 만들어지고, 현실적인 문제 해결에 초점을 둡니다. 그러나 기독교는 하나님께서 스스로 존재하시는 분이며, 인간을 사랑으로 창조하시고, 인간의 근본적인 존재 이유와 삶의 목적을 알려주는 종교입니다. 이 차이를 이해한다면 왜 기독교가 "하나의 종교"가 아니라, 인간의 삶 전체를 변화시키는 신앙 체계로 여겨지는지 분명히 알 수 있습니다. 기독교는 우리가 신에게 다가가기 위해 무언가를 해야 하는 종교가 아니라, 하나님께서 우리를 사랑하셔서 먼저 다가오셨다는 것을 가르칩니다. 그리고 이 사랑은 현실적인 필요를 넘어 우리 존재와 삶 전체를 바라보게 하는 놀라운 메시지입니다. 이 점이 기독교가 타종교와 다른 가장 중요한 이유입니다.

Q 07

기독교에서 성경은 어떤 위치를 차지하는가요?

　기독교를 이해하려면 먼저 성경의 위치와 의미를 아는 것이 중요합니다. 많은 사람들은 성경을 오래된 종교 문서나 도덕적 가르침을 담은 책으로 생각합니다. 하지만 성경은 단순한 책이 아니라, 기독교 신앙의 근본이자 중심 역할을 하는 특별한 위치에 있습니다. 성경은 기독교인들에게 하나님의 뜻과 인간 삶의 목적을 알려주는 가장 중요한 통로로 여기며, 그들의 신앙과 생활을 이끄는 지침서 역할을 합니다.

이 글에서는 성경이 기독교에서 어떤 위치를 차지하는지를 네 가지 관점에서 설명하겠습니다. 이를 통해 성경의 본질과 기독교 신앙에서의 역할을 조금 쉽게 이해할 수 있을 것입니다.

1. 성경은 하나님의 말씀입니다

기독교인들은 성경을 사람들이 쓴 책이 아니라, 하나님이 주신 말씀이라고 믿고 있습니다. 성경은 여러 사람에 의해 다양한 시대에 기록되었지만, 그 안에는 하나님께서 '영감'(靈感) 또는 '영적인 계시'로 인간에게 전하려는 메시지가 담겨 있습니다. 그래서 성경을 통해 하나님을 알고, 그분의 뜻을 발견하려고 합니다. 하나님이 어떤 분이신지, 우리는 어떤 존재인지, 그리고 어떻게 살아야 하는지를 성경을 통해 배웁니다.

이 점이 성경을 다른 종교 문서나 일반 문학작품과 구분 짓는 중요한 차이입니다. 성경은 옛날 이야기를 기록한 역사책이나 도덕적 교훈을 담은 철학서가 아니라, 하나님의 성품을 알려주는 책입니다. 더 나아가 하나님을 이해하는데 그치지 않고, 우리가 어떻게 살아야 하는지에 대한 지침도 제공합니다. 그래서 기독교인들은 성경을 통해 삶의 목적과 방향을 찾으려 노력합니다. 예를 들어, "원수를 사랑하라", "가난한 자를 돕고, 약한 자를 돌보라"와 같은 가르침은 기독교인들이 성경에서 배우는 중요한 삶의 원칙들입니다.

이러한 이유로 성경은 기독교인들에게 삶의 길을 보여주는 나침반 역할을 합니다. 따라서 기독교에서 성경을 '하나님의 말씀'이라고 부르는 이유는, 이것이 인간의 글을 뛰어넘어 초월적인 존재이신 하나님께서 인간과 소통하기 위해 주신 특별한 선물로 여기기 때문입니다. 그래서 기독교인들은 자신들의 신앙과 삶을 이끌어가는 데 성경을 중심으로 삼고 있습니다.

2. 성경은 신앙과 교리의 기준입니다

기독교인들이 무엇을 믿고 어떻게 살아야 하는지를 결정할 때 가장 중요한 기준이 성경입니다. 성경은 기독교의 신앙 체계를 형성하고 유지하는 데 중심 역할을 합니다. 예를 들어 예수님의 삶, 죽음, 부활에 대한 믿음, 이웃을 사랑하고 정직하게 살아가라는 가르침 모두 성경에서 비롯됩니다. 그리고 기독교인들은 성경을 통해 구원에 대한 확신을 갖게 됩니다.

그런데 성경은 기독교의 교리뿐 아니라, 일상적인 신앙생활과 실천에도 중요한 기준이 됩니다. 기독교인들이 왜 기도를 해야 하는지, 왜 이웃을 사랑해야 하는지, 왜 겸손하게 살아야 하는지에 대한 이유를 찾으려면, 성경에서 답을 찾아야 합니다. 성경에는 "항상 기도하라", "네 이웃을 네 자신처럼 사랑하라", "교만은 패망의 선봉이다"와 같은 가르침들이 담겨 있습니다. 이 가르침은 좋은 말로 끝나는 것이 아니라, 기독교인들이 실제로 따라야 할 행동 지침이 됩니다. 또한 교회 공동체도 성경을 중심으로 운영됩니다. 예배를 어떻게 드려야 하는지, 교회 안에서 서로를 어떻게 대해야 하는지, 교회가 세상 속에서 어떤 역할을 해야 하는지도 성경에 나오는 원리와 가르침을 바탕으로 정리됩니다.

더 나아가 성경은 개인적인 신앙 경험에도 중요한 영향을 줍니다. 기독교인들이 개인적으로 하나님의 뜻을 찾으려 할 때도, 그 경험을 성경의 가르침에 비추어 해석합니다. 어떤 사람이 기도를 통해 마음의 평안을 얻었다면, 이 경험이 성경 속에서 하나님이 주시는 평안과 일치하는지를 살펴보며 신앙적 의미를 확신합니다. 이렇게 성경은 개인의 신앙을 균형 잡힌 방향으로 이끌어주는 나침반 역할을 합니다. 결국 성경은 기독교 신앙의 기준이자 중심으로, 기독교인들의 믿음과 삶을 형성하고 유지하는 데 없어서 안 되는 도구입니다. 기독교인들에게 성경은 한 권의 책이 아니라, 신앙과 실천을 위한 가장 확실하고 믿을 만한 지침서로 여기고 있습니다.

3. 성경은 역사와 문화, 현대 정치를 이해하는 열쇠입니다

약 1,600년에 걸쳐 다양한 사람들이 기록한 책들이 모여 완성된 형태를 이룬 성경은 기독교 신앙뿐 아니라 인류 역사와 문화에도 큰 영향을 주는 책입니다. 고대 이스라엘의 역사와 문화, 그리고 종교적 관습을 담고 있습니다. 이것은 종교적인 내용이 아니라, 당시의 역사와 사회적 구조를 이해하는 데 중요한 자료가 됩니다. 뿐만 아니라, 성경은 초기 기독교 공동체 모습도 잘 담고 있습니다 예수님이 가르치신 내용, 예수님의 죽음과 부활 이후에 생겨난 초대교회 활동은 오늘의 기독교가 어떤 과정을 통해 성장했는지를 알게 해줍니다.

그리고 성경은 전 세계 역사와 예술, 문학, 철학에도 지대한 영향을 주었습니다. 세계 곳곳의 명화와 문학작품, 인권과 자유에 대한 가치들 속에도 성경은 수많은 영감과 지침을 주었습니다. 그것만이 아니라 현대의 정치제도인 '민주주의'에도 결정적인 근거를 제시하고 있습니다. 이러한 점에서 성경은 종교적 경전을 넘어 인류 문화의 중요한 유산으로 자리하는 것입니다. 이 모든 이유로 성경은 기독교인들만의 책이 아닙니다. 성경은 고대 사람들의 삶과 신앙을 이해하는 데 도움을 주고, 인류 전체의 역사와 문화는 물론 현재의 삶을 주도하는 결정적인 기반이 되고 있습니다. 결국 성경은 기독교의 경전을 넘어, 현재에도 전 세계적으로 우리 삶에 영향을 주고 있는 토대라고 할 수 있습니다.

4. 성경은 개인과 공동체를 잇는 가교 역할을 합니다

성경은 기독교인들에게 하나님에 대해 배우는 책만이 아닙니다. 성경은 기독교인이 하나님과 개인적으로 만나는 통로이며, 교회 공동체 안에서 함께 읽고 나누며 신앙을 자라게 하는 연결고리이기도 합니다. 혼자만의 깨달음에서 그치지 않고, 같은 성경을 읽고 묵상한 사람들이 모여 서로의 경험을 나누면서 하나님에 대해 더 풍부한 이해를 쌓아가는 것입니다. 나아가 성경은 세대를 뛰어넘어 사람들을 연결하면서 공통된 신앙의 언어를 제공합니다. 또한 현재의 기독교 공동체뿐만 아니라, 전 세계의 기독교인들을 하나로 묶는 역할도 합니다. 기독교인들은 같은 성경을 읽으며 위로와 힘을 얻고, 서로의 신앙을 나눕니다. 따라서 성경은 개인과 공동체, 그리고 세대를 이어주는 공통의 '신앙 언어'입니다. 그러므로 성경은 개인의 믿음의 길잡이일 뿐 아니라, 모든 기독교인들을 하나로 묶는 강력한 연결고리 역할을 하고 있습니다.

결국 기독교인들에게 성경은 하나님이 직접 주신 말씀으로 받아들이며, 삶의 모든 부분에서 길잡이 역할을 합니다. 기독교 신앙이 무엇인지, 그리고 이 신앙이 어떻게 사람들의 삶을 형성하는지를 이해하려면 성경이 가진 중요성과 의미를 알아야만 합니다. 한편, 기독교를 믿지 않는 사람들에게도 성경이 중요한 이유는, 이것이 종교적 텍스트에 머무는 것이 아니라 인간의 삶에 대한 관계와 도덕적 질문들을 향한 통찰을 담고 있기 때문입니다.

결론적으로, 성경은 기독교 신앙과 삶의 모든 영역을 형성하고 유지하는 핵심적 역할을 합니다. 기독교인들에게 성경은 하나님과의 관계를 가능하게 하는 특별한 책이며, 그들의 신앙과 삶을 살아가게 하는 원동력이 되고 있습니다. 그렇기 때문에 기독교를 이해하려면 성경을 아는 것이 가장 좋은 출발점입니다.

Q 08

성경은 역사적 사실인가요, 상징적인 이야기인가요?

성경은 단순한 종교 서적이 아니라 기독교 신앙의 중심이자, 전 세계 역사와 문화와 현대 정치체제에도 깊은 영향을 주고 있는 책입니다. 그러나 성경을 한두 가지 시각으로 설명할 수 없는 이유는, 그 자체로도 매우 독특한 특징을 가지고 있기 때문입니다. 그렇다면 성경에 나오는 이야기들은 실제로 일어난 사건일까요, 아니면 상징적인 이야기일까요? 이 글에서는 그 질문에 대해 네 가지 측면에서 살펴보겠습니다.

1. 성경은 다양한 장르로 구성된 책입니다

성경은 저자 한 사람이 한 시기에 쓴 책이 아니라, 약 1600년에 걸쳐 서로 다른 시대와 문화적 배경을 가진 많은 분들이 기록한 방대한 책들의 모음입니다. 이 안에는 역사적인 사건을 기록한 부분이 있고, 시와 노래, 편지, 비유, 환상, 예언 등도 있습니다. 그래서 어떤 부분은 실제 사건을 기록한 것이고, 또 어떤 부분은 시적이며 상징적인 표현으로 진리를 전하는 방식입니다.

먼저, "역사서"라고 불리는 부분으로, 고대 이스라엘의 역사적인 사건들을 기록한 내용입니다. 예를 들어, 왕들이 어떻게 통치했는지, 어떤 전쟁이 일어났는지, 그리고 한 민족이 어떻게 형성되고 이동했는지와 같은 이야기들입니다. 이런 내용들은 비교적 구체적이고 역사적인 흔적들이 남아 있는 부분이라 고고학적으로도 연구되고 있습니다.

두 번째는 "시가서"와 "지혜문학" 부분으로, 시편, 잠언, 전도서 같은 책들은 시적이고 상징적인 언어로 기록되어 있습니다. 이 부분은 정보를 전달하는 것이 아니라, 사람들의 마음을 울리는 아름다운 표현들로 가득합니다. 우리가 인생에서 느끼는 기쁨, 슬픔, 분노, 두려움, 그리고 희망과 같은 것들이 담겨 있지요. 마치 현대의 시나 노래처럼 이 책들은 독자들에게 위로와 깨달음을 줍니다.

세 번째는 "예언서" 부분으로, 선지자들이 당시 이스라엘 사회와 역사 속에서 하나님이 메시지를 전하는 이야기가 담겨 있습니다. 여기에는 그 시대에 있던 문제들에 대한 경고, 미래에 대한 예언, 절망 속에 있는 사람들에게 주는 위로의 메시지가 포함되어 있습니다. 그런데 이런 내용은 당시 사람들만을 위한 것이 아니라, 오늘 우리에게도 의미 있는 교훈을 주는 메시지로 읽힐 수 있습니다.

네 번째는 "복음서"와 "서신서"입니다. 복음서는 예수님의 생애와 가르침을 기록한 내용입니다. 우리가 흔히 들어본 예수님의 탄생, 십자가에 못 박히심, 부활에 대한 이야기가 여기에 속합니다. 서신서는 초대교회 지도자들이 교회와 공동체들에 보낸 편지들로, 신앙생활과 공동체 문제에 대한 조언과 격려가 담겨 있습니다. 그래서 이 부분은 기독교 신앙의 실천적 지침이라고 할 수 있습니다.

이렇듯 성경은 하나의 장르로 이루어진 단순한 책이 아니라, 역사, 문학, 철학, 정치 그리고 신앙의 메시지가 섞여 있는 매우 복합적인 책입니다. 그래서 성경을 읽을 때는 각 부분이 어떤 형식과 목적을 가지고 있는지를 이해하는 것이 중요합니다. 그리고 이 메시지가 어떤 방식으로 전달되는지를 생각하면서 읽으면 훨씬 풍부한 이해를 할 수 있습니다. 이는 기독교를 믿지 않는 사람이라도 성경을 종교적인 책만이 아니라, 인류의 문화 유산으로 접근할 수 있도록 돕는 시작점이 될 것입니다.

2. 성경에는 역사적 근거가 있는 내용도 많습니다

성경에는 고대 이스라엘의 왕들, 전쟁, 민족의 이동 등 실제 역사와 연결된 사건들이 기록되어 있습니다. 고고학적 발굴로 성경에 나오는 지명과 인물들이 존재했다는 사례들이 밝혀지고 있습니다. 성경의 기록들이 역사적 사실임을 알 수 있는 것은 첫째, 고고학적 발견을 통해 확인되는 경우입니다. 이스라엘 민족이 고대 이집트에서 탈출하여 새로운 나라를 세운 과정에 대한 출애굽 이야기가 역사적인 사실로 여겨지는 이유는, 이스라엘 사람들뿐만 아니라 주변 민족들의 전승에도 비슷한 내용이 남아 있기 때문입니다.

둘째, 정황 증거를 들 수 있습니다. 신약성경에 나오는 예수 그리스도의 생애와 활동에 대한 기록은 기독교 외부의 역사 자료에도 기록되고 있습니다. 따라서 예수님이 상징적인 인물로 만들어진 것이 아니라, 실존했던 인물이라는 점을 뒷받침하는 자료들이 존재합니다. 여기에서 중요한 점은, 성경의 모든 기록이 현대적인 역사학의 기준으로 받아들여지는 것은 아니라는 것입니다. 이는 성경이 역사를 기록하기 위해 사실들만 모은 책이 아니기 때문입니다.

셋째, 해석의 여지가 있다는 점을 이해해야 합니다. 고대 문헌은 당시의 문학적 표현 방식과 문화적 배경, 그리고 종교적인 관점을 반영하고 있습니다. 이런 점에서 어떤 사건들은 상징적으로 과장되거나, 특정 메시지를 강조하기 위해 서술된 경우도 있습니다. 이런 부분은 성경의 역사성을 객관적인 사실로만 보지 말고, 신앙 공동체가 이 사건을 해석하고 전달하면서 더해진 의미들을 함께 이해해야 한다는 것을 보여줍니다. 결국, 성경을 읽을 때는 단순한 역사책이 아니라, 신앙의 눈으로 해석된 역사라는 점도 함께 기억해야 합니다.

3. 상징과 비유는 깊은 의미를 전하기 위한 도구입니다

성경을 보면, 역사적인 기록을 넘어선 '상징적 표현'이나 '비유적 메시지'가 많다는 것을 알게 됩니다. 이것이 성경의 독특한 매력인데, 이런 표현들은 사실 그 자체보다는 더 깊은 의미와 교훈을 담아내기 위해 사용된 것입니다. 이런 점은 비그리스도인들에게도 흥미롭고 이해하기 쉽게 다가갈 수 있는 부분입니다.

먼저, 성경에는 '비유'와 '상징'이라는 문학적 기법이 등장합니다. 예수님도 사람들에게 진리를 쉽게 설명하기 위해 비유를 자주 사용하셨습니다. "잃어버린 양" 이야기는 동물 이야기처럼 보이지만, 그 속에는 하나님이 사람을 얼마나 소중히 여기시는 내용이 담겨 있습니다. 상징과 비유는 정보를 전달하려는 목적만이 아니라, 듣는 이들의 마음에 강한 울림과 깨달음을 주기 위한 방식입니다.

다음으로 성경의 '묵시문학적' 특징을 이야기할 수 있습니다. 다니엘서나 요한계시록 같은 책들은 일반적인 역사 서술이나 이야기 형식이 아니라, 환상과 상징으로 가득한 문학적 표현들로 이루어졌습니다. 여기에는 과장된 이미지를 활용하거나 숫자와 색깔 같은 특별한 상징을 사용합니다. 이런 상징들은 당시 사람들에게 익숙한 암호와 같았습니다. 그들은 종교적 억압이나 정치적 위기 상황에서 상징을 통해 메시지를 나누며 희망을 얻었습니다. 현대인들에게는 낯설게 보이지만, 당시에는 이러한 문학적 기법이 사람들에게 강한 위로와 용기를 주는 방식이었습니다.

또 하나 흥미로운 점은 성경의 비유적, 상징적 표현은 현대에도 적용될 수 있다는 것입니다. 비유나 상징은 오늘에도 각자의 삶에 따라 새롭게 해석될 수 있습니다. 결국 성경의 상징적 표현들은 단순한 과거 이야기로 끝나지 않습니다. 비그리스도인들도 이런 표현들을 문학적으로 읽으면, 단순한 이야기 이상의 교훈과 깊은 통찰을 얻을 수 있습니다. 이런 비유와 상징은 사람들에게 새로운 시각을 제공하고, 각자의 삶에서 스스로에게 질문을 던지며 의미를 발견하게 도와줍니다. 이런 점에서 성경은 기독교를 믿지 않는 사람에게도 충분히 가치 있는 문헌이라고 할 수 있습니다.

4. 종합적 시각: 역사와 상징, 둘 모두 중요한 요소입니다

성경을 읽을 때, 모든 것을 문자 그대로 보거나 상징으로만 보는 것은 균형 잡힌 접근이 아닙니다. 어떤 부분은 실제 역사이고, 어떤 부분은 상징적 메시지를 담고 있습니다. 즉 성경은 그 자체로 복합적이고 독특한 문서입니다. 따라서 성경의 이야기는 과거 사건을 제시한 것이 아니라, 신앙 공동체가 하나님과의 관계 속에서 그 사건을 이해하고 해석한 기록이라고 볼 수 있습니다. 무엇보다 성경이 말하려는 핵심 메시지는 과학적 사실의 정확성이 아니라, 인간과 하나님, 그리고 세상에 대한 더 큰 의미를 발견하는 데 초점이 맞춰져 있습니다.

    한 가지 중요한 사실은 기독교 신앙을 가진 사람이 아니라도 충분히 읽을 가치가 있다는 것입니다. 비그리스도인들에게도 성경은 중요한 고대 문헌이자 문화적 유산이며, 인류가 공통으로 고민해 온 질문들에 대한 답을 담고 있기 때문입니다. 인간은 왜 고통을 겪는가? 우리는 어떤 삶을 살아야 하는가? 이런 보편적인 질문들에 대해 성경은 풍부한 통찰을 제공하고 있습니다.

    특별히 성경을 읽기 위한 하나의 제안을 드리겠습니다. 그것은 이것이 "사실이냐, 아니냐?"에 집착하기보다는 이 안에 담긴 이야기와 메시지가 무엇을 말하려는 지에 집중하는 겁니다. 이처럼 성경을 읽을 때는 역사적 사실로서의 근거를 존중하면서, 동시에 상징적, 문학적 표현이 담고 있는 메시지를 놓치지 않는 '균형 잡힌 시각'이 중요합니다. 그리스도인이든 비그리스도인이든, 한쪽 면만 절대시하는 태도보다는 성경이 담고 있는 '다양성'을 인정하며, 그 안에 담긴 의미와 가치를 천천히 살펴보는 것이 좋습니다. 이렇게 할 때 성경은 단순히 옛날 이야기가 아니라, 오늘 우리에게도 삶과 믿음, 그리고 인간 존재에 대한 깊은 통찰을 전해줄 수 있는 소중한 책이라는 사실을 발견하게 될 것입니다.

Q 09

교회는 어떤 역할을 하는 곳인가요?

　많은 사람들이 교회를 생각하면 먼저 떠올리는 이미지는 신앙을 가진 사람들이 모여서 예배드리는 장소일 것입니다. 그런데 교회는 종교 예식만을 위한 장소가 아닙니다. 물론 기독교인들이 예배드리고 성경을 배우는 공간이지만, 그보다 더 넓은 의미에서 사람들과 사회에 영향을 주는 공동체입니다. 교회는 인간이 가진 보편적인 필요, 즉 관계, 소속감, 도움과 위로, 그리고 삶의 방향을 찾으려는 갈망에 응답하는 공간이기도 합니다.

　따라서 교회는 특정 신앙을 가진 사람들만의 전유물이 아니라,

모든 사람들이 공감할 수 있는 보편적인 가치를 실현하려는 공동체로도 볼 수 있습니다. 이런 관점에서 교회 역할을 네 가지로 살펴보겠습니다.

1. 사람들을 연결하는 신앙 공동체입니다

교회는 기독교 신앙을 공유하는 사람들이 모여 서로를 격려하고 도우며 살아가는 신앙 공동체입니다. 이 연결은 예배와 나눔, 성경 공부 등을 통해 사람들이 하나님과의 관계뿐 아니라 서로와의 관계도 깊어집니다. 교회는 '함께' 신앙을 추구한다는 점에서 특별합니다. 사람들은 개인적인 문제와 고민을 홀로 지지 않고, 공동체의 일원으로 서로 격려하고 위로를 나눕니다. 이 과정에서 삶의 방향성을 찾고, 더 나은 사람이 되기 위한 힘과 지혜를 얻습니다. 교회는 신앙의 토대 위에서 서로를 지지하며 성장해 나가는 장(場)입니다.

2. 사랑과 나눔을 실천하는 공간입니다

교회는 또한 기독교의 핵심 가르침인 사랑과 나눔을 실천하는 장소입니다. 기독교 신앙에서 가장 중요한 가르침은 "하나님을 사랑하고, 네 이웃을 사랑하라"는 것입니다. 이러한 가르침을 실천하기 위해 교회는 가난한 자, 고통받는 자, 소외된 자들을 돕는 다양한 활동을 합니다. 교회는 신자들만을 위한 공간이 아니라, 지역사회와 세계를 섬기는 기관으로써의 역할도 합니다. 이 때문에 교회를 사랑과 나눔의 거점으로 이해할 수 있습니다. 나눔의 과정 속에서 자신의 삶이 더 큰 공동체의 일부라는 것을 깨닫고, 이웃과 세상에 대한 책임감을 배우게 됩니다.

3. 삶의 의미와 방향을 제시하는 길잡이입니다

인생을 살아가다 보면 누구나 크고 작은 어려움에 부딪힙니다. 그리고 누구라도 삶의 의미와 방향을 고민합니다. 교회는 이러한 순간에 삶의 의미와 방향을 찾도록 돕는 길잡이 역할을 합니다. 그리고 성경의 가르침을 통해 그 질문에 답을 찾도록 도와줍니다. 설교와 소그룹 모임, 상담 등을 통해 각자가 겪는 어려움 속에서도 희망을 발견하고, 올바른 가치관을 세우며, 어려움을 극복할 수 있도록 돕고 있습니다. 교회는 이론적인 교리만 가르치는 곳이 아니라, 실제 삶에서 적용하고 실천하도록 돕는 역할을 합니다. 예배와 설교, 그리고 소그룹 모임 등을 통해 하나님의 사랑과 지혜를 배우며 자신의 삶을 성찰하며 성장하게 됩니다.

4. 도덕적이고 윤리적인 삶의 기반입니다

교회는 개인과 사회가 도덕적이고 윤리적인 삶을 살아가도록 이끄는 역할을 합니다. 성경의 가르침은 정의, 정직, 사랑, 섬김, 희생과 같은 가치를 중요하게 여길 것을 요청합니다. 이를 통해 신자들이 올바른 양심을 갖고, 공동체와 사회를 더욱 건강하고 바람직한 방향으로 이끌도록 돕고 있습니다. 특히, 교회는 아이부터 어른까지, 모든 세대가 올바른 양심과 책임감을 갖고 살아가도록 돕는 공간이기도 합니다. 이는 개인적인 성장뿐 아니라, 사회적 책임을 다하는 성숙한 시민을 양성하는 데에도 도움이 되고 있습니다.

5. 희망을 전하고 위로를 제공하는 쉼터입니다

교회는 삶의 고난과 어려움 속에서 지친 사람들에게 희망과 위로를 전하는 '영적인 쉼터'입니다. 세상에서의 성공과 실패, 기쁨과 슬픔을 경험하면서 살아가는 사람들에게 교회는 하나님의 변함없는 사랑을 상기시켜 주는 공간입니다. 교회에서는 고통 속에서도 하나님께서 함께하시며, 모든 상황이 결국에는 선으로 변화될 것이라는 희망을 나눕니다. 교회는 물질적인 지원뿐 아니라 정서적, 영적 지원을 통해 사람들의 삶을 회복하도록 돕고 있습니다.

정리하면, 교회는 종교 공간을 넘어, 함께 살아가는 삶의 지혜와 사랑을 나누는 열린 공동체입니다. '신앙'이라는 틀을 넘어서 누구든 소속될 수 있고, 따뜻함과 위로, 삶의 방향을 찾을 수 있는 장소입니다. 교회의 역할은 더 나은 삶과 사회를 함께 만들어가기 위한 작은 출발점이라 할 수 있습니다. 이런 점에서 교회는 종교의 틀을 넘어서 사람과 사람을 잇는 다리와 같습니다. 교회는 모두가 더 나은 세상을 만들기 위해 동참할 수 있는 공간이며, 종교적 색채를 떠나 누구든 참여할 수 있는 열린 공동체가 될 수 있습니다. 교회를 통해 우리는 각자의 삶에서 무엇이 중요한지, 어떤 가치를 선택하며 살아가야 할지 다시 생각해 볼 수 있습니다. 교회는 기독교를 믿는 사람들의 모임을 넘어, 함께 세상을 고민하고 나누며 희망을 만들어가는 작은 시작점이라 할 수 있습니다. 이처럼 교회의 본질적인 가치를 이해한다면, 기독교 신앙이 없더라도 교회의 존재와 역할을 긍정적으로 바라볼 수 있을 것입니다.

Q 10

예배는 무엇이며, 왜 필요한가요?

　예배는 하나님께 감사와 찬양을 드리는 중심적인 행위입니다. 하지만 예배는 종교적인 의식에 그치지 않고, 인간이 가진 본능적인 감정과 삶의 깊은 질문들과도 연결되어 있습니다. 일반 시민들도 자연의 웅장함이나 예술의 감동 앞에서 느끼는 경외감들은 우리 안에 있는 본성에서 비롯된 것입니다.

　예배는 이러한 인간의 본성적인 감정과 반응을 체계적으로 표현하는 방식 중 하나입니다. 예배는 하나님을 찬양하는 종교적 행위를 넘어 자신을 돌아보고 삶의 의미를 찾으며, 더 나아가 공동체와 연결되는 중요한 시간이 됩니다. 종교를 갖지 않더라도 우리는 자신이 속한 공동체에서 소속감을 느끼고 격려하며, 삶에서 지켜야 할 가치를 공유하려는 노력을 합니다. 그런데 이러한 행위는 예배와 본질적으로 닮아있습니다. 예배란 종교를 가진 사람이든 아니든 누구나 경험할 수 있는 경외심, 내적 성찰, 그리고 공동체적 연대의 필요성과 맞닿아 있습니다. 이를 통해 예배는 왜 필요하며, 어떤 의미를 지니는지 쉽게 이해할 수 있습니다. 이제 예배가 가진 본질과 역할을 세 가지로 생각해 보겠습니다.

1. 예배는 인간의 경외심을 표현하는 본능적이고 자연스러운 행위입니다

인간은 자신보다 더 크고 숭고한 존재와 가치 앞에서 감탄하거나 경외심을 느끼는 본능을 가지고 있습니다. 광활한 자연, 우주의 신비, 예술작품을 마주할 때 느끼는 감정은 삶의 깊이를 자각하게 합니다. 이러한 감정은 특정 종교에 국한하지 않고, 누구든 경험할 수 있는 보편적인 현상입니다. 기독교에서는 이런 경외심의 대상을 하나님으로 이해하고 있으며, 예배는 이러한 감정을 체계적이고 의식적으로 표현하는 중요한 방식이라고 말합니다. 하나님께 감사와 찬양을 드리는 행위는 종교적 의무를 수행하는 것이 아니라, 자신의 삶이 더 큰 의미 속에 있음을 깨닫고 이를 겸손히 인정하는 시간입니다.

그러므로 예배를 종교적 전통이나 형식으로만 이해할 필요는 없습니다. 오히려 인간이 자신과 세상을 더 넓고 깊게 바라보도록 돕는 방식으로 볼 수 있습니다. 예배는 자신이 속한 세계와 그 가치를 재확인하는 시간이며, 이는 기독교를 믿지 않는 사람들에게도 더 큰 관점에서 삶을 바라보게 하는 중요한 기회를 제공할 수 있습니다. 우리가 느끼는 경외심은 결국 자신을 더 큰 맥락 속에서 스스로를 돌아보게 하고, 우리 삶의 의미를 깊이 생각하게 만드는 중요한 출발점입니다.

2. 예배는 내면의 성찰과 치유를 위한 시간입니다

우리는 때때로 삶의 방향을 잃고 의미를 되묻게 됩니다. "나는 왜 살아가는가?" "내가 지금 하고 있는 일은 어떤 의미가 있는가?" 예배는 이런 순간에 자신의 내면을 돌아보고 삶을 정리할 수 있는 시간을 제공합니다. 예배에서는 성경 말씀을 듣고, 찬양을 부르며, 기도드리는 시간을 통해 자신을 돌아보고 혼란스러운 마음을 정돈합니다. 그러니 이러한 과정을 종교적인 행위로만 이해할 필요는 없습니다. 예배는 우리가 삶의 방향을 재설정하고, 스스로에게 위로를 주며, 더 나은 삶을 살아가도록 동기를 부여하는 역할을 합니다. 누군가가 자신만의 방식으로 하루를 정리하며 감사의 마음을 갖거나, 자신이 소중하게 여기는 가치를 다시 떠올리며 새로운 결심을 다지는 것과 비슷한 맥락에서 이해할 수 있습니다.

특히 예배에서는 사랑, 용서, 나눔과 같은 보편적인 가치를 중심으로 합니다. 이 가치는 종교를 초월하여 모든 사람이 공감할 수 있는 것들입니다. '사랑'은 우리가 주변 사람들과의 관계를 맺는 기초가 되고, '용서'는 갈등과 상처를 치유하는 중요한 열쇠가 됩니다. 또한 '나눔'은 우리가 함께 살아가는 세상을 더 따뜻하게 만듭니다. 예배는 이런 가치를 배우고, 삶 속에서 실천하도록 동기를 부여하는 '장'(場입)니다. 종교적 의식에만 머무르는 것이 아니라, 개인이 자신의 삶을 더 의미 있게 만들고 내면의 평화를 얻으며, 더 나은 세상을 만드는 데 기여하는 출발점이 되기 때문입니다.

3. 예배는 공동체적 유대와 사회적 가치를 실현하는 장(場)입니다

그러나 예배는 개인만을 위한 시간이 아닙니다. 함께 모여 예배드리는 공동체는 서로를 격려하고 돌보며, 함께 살아가는 삶의 방향을 나눕니다. 따라서 예배는 개인적인 종교 행위로 그치는 것이 아니라, 함께 모여 같은 신앙과 가치를 공유하며 공동체적 유대감을 형성하는 시간입니다. 이처럼 예배를 통해 한자리에 모인 사람들이 찬양을 부르고 기도드리며, 설교를 들으면서 삶의 비전을 나눕니다. 이러한 과정은 사람들에게 단순한 모임 이상의 의미를 줍니다.

예배 속에서 배운 가치들은 교회 안에 머물지 않고, 그 안에서 배운 사랑과 정의, 나눔의 가치를 실제의 삶으로 확장하도록 권장

합니다. 어려운 이웃을 돕고, 정의롭고 따뜻한 사회를 만들기 위한 실천이 예배 이후에 이어짐으로, 공동체에서 배운 가치를 실천하며 더 나은 세상을 만들기 위해 기여합니다. 이런 점에서 예배는 종교적인 의식을 넘어 모든 인간이 공감할 수 있는 삶의 중요한 요소로 이해될 수 있습니다. 우리가 함께 무언가를 배우고 실천하며, 서로의 삶을 풍요롭게 만드는 활동들 속에서 예배와 비슷한 가치를 발견할 수 있습니다. 따라서 예배는 개인과 공동체 모두 '내적 성찰'과 '외적 실천'의 균형을 이루도록 돕는 중요한 역할을 하는 것입니다.

결국, 예배는 특정 종교 의식에 그치지 않고, 모든 인간이 삶의 중요한 질문들에 대한 답을 찾고 내면을 치유하며, 공동체와 세상에 선한 영향을 주기 위해 필요한 시간을 제공하는 과정입니다. 이것은 우리가 더 나은 자신과 세상을 만들어가는 데 반드시 필요한 도구가 될 수 있습니다. 비록 예배라는 단어는 기독교적 배경에서 시작되었지만, 본질적인 의미는 우리 모두가 함께 경험할 수 있는 삶의 깊이와 연결되어 있습니다. 예배를 통해 우리는 자신과 세상, 그리고 서로 간의 관계를 더욱 의미 있게 만들어갈 수 있습니다.

Q 11

기도란 무엇이며, 왜 하는 것인가요?

　기도는 기독교 신앙에서 아주 중요한 실천입니다. 하지만 종교적인 의무이거나 의식만이 아닙니다. 기독교에서 하나님은 멀리 있는 존재가 아니라, 우리와 관계를 맺고 소통하기를 원하시는 분으로 믿습니다. 그래서 기도는 하나님과 대화하고 삶을 나누며, 위로와 평안을 얻는 특별한 방법입니다. 이 글에서는 기도가 단순히 종교적인 행위를 넘어 신앙인들에게 왜 중요한지, 그리고 이것이 사람에게 어떤 변화를 가져오는지를 체적으로 살펴보기 위해 세 가지로 설명하겠습니다.

1. 기도는 하나님과의 대화입니다

　기도를 쉽게 이해할 수 있는 방식은 '대화'라는 개념입니다. 기독교인들에게 하나님은 우주와 인간을 창조하신 분이고, 살아 계셔서 인간의 삶에 깊이 관여하시며, 사랑과 관심으로 돌보시는 인격적이고 친밀한 분으로 믿고 있습니다. 이러한 기독교 신앙의 틀 안에서 기도는 의식이나 형식적인 행위가 아니라, 하나님과 직접적으로 대화하는 시간으로 생각합니다.
　기독교인들은 기도를 통해 자신의 생각과 감정을 솔직히 표현하고, 삶의 고민과 기쁨을 하나님께 고백합니다. 그러므로 자신의 필요를 알리는 요청의 시간이 아니라, 하나님과의 관계를 유지하고 이 관계를 더 깊게 발전시키는 중요한 수단입니다. 우리가 가족이나 친구와 시간을 보내고 대화를 나누며 관계를 유지하듯, 기독교인들에게 기도는 하나님과 친밀한 관계를 형성하고 지속하기 위한 행위로 이해하고 있습니다. 이 관계는 기도를 통해 표현되고, 더 가까워지게 됩니다. 그래서 기독교 신앙에서는 하나님과 인간 사이의 연결고리라고 봅니다. 기도를 통해 하나님과 교제하며 자신의 삶을 돌아보고, 필요한 지혜와 도움을 구하며, 때로는 감사와 찬양을 표현하는 것입니다. 기도는 자신만을 위한 것이 아니라, 하나님과의 관계를 표현하고 그분과 동행하는 삶을 사는 방법으로 이해됩니다. 그리고 하나님은 우리의 기도를 들으시고, 때로는 마음속에 깊은 평안과 지혜로 응답하신다고 믿습니다. 따라서 기도는 하나님과 친밀한 관계를 유지하고 깊어지게 만드는 통로입니다.

2. 기도는 위로와 자기 성찰의 시간입니다

인생에는 누구에게나 힘든 순간이 있습니다. 마음속의 무거운 짐을 말하지 못할 때, 기도는 이것을 하나님께 털어놓는 시간입니다. 기도는 문제를 해결해 달라고 요청하는 것에 그치는 것이 아니라, 마음의 짐을 내려놓는 시간이기도 합니다. 기독교인들은 하나님을 인격적이고 사랑이 많은 존재로 믿습니다. 그분은 삶을 이해하시고, 우리가 겪는 고통과 어려움을 깊이 공감하시는 분이라고 생각하기 때문에, 무거운 마음을 하나님께 고백하고 그분께 우리의 고민과 두려움을 내어놓는 시간이 됩니다. 그리고 하나님은 우리의 고통을 이해하시고 위로하시며, 다시 일어설 수 있는 힘을 주시는 분으로 여깁니다.

또한, 기도는 단순히 위로받는 데서 끝나는 것이 아니라, 자신을 돌아보는 소중한 기회를 제공합니다. 현대인의 삶은 매우 바쁘고 정신없이 흘러가기 때문에, 종종 자신을 깊이 돌아볼 시간을 잃어버리곤 합니다. 그러나 기도는 하나님 앞에서 정직하게 자신의 마음과 행동을 꺼내놓는 시간입니다. 모든 것을 감추고 살아가던 사람이 기도를 통해 자신의 실수와 잘못된 선택, 또는 진정 원하는 것을 깨닫게 되는 경우가 많습니다. 하나님 앞에서는 모든 것을 숨길 필요가 없고, 있는 그대로의 나를 드러낼 수 있기 때문에, 스스로에게 솔직해지고 내면을 정화하는 계기가 됩니다. 그러므로 기도는 단순히 나를 하나님께 드러내는 것 같지만, 이 과정에서 자신을 정리하고 새롭게 다짐하게 되는 시간이 되기도 합니다.

결국, 기독교 신앙에서 기도란 문제 해결을 요청하는 도구만이 아닙니다. 기도는 고통과 고민 속에서도 하나님의 이해와 위로를 경험하는 방법이며, 자신을 돌아보고 새롭게 나아갈 힘을 얻는 과정이 됩니다. 기도를 통해 하나님이 나를 이해하고 함께하신다는 믿음을 가질 수 있습니다. 이 믿음은 상황이 즉각적으로 나아지지 않더라도, 나를 지탱해 줄 내면의 평안과 희망을 발견하게 돕습니다. 그래서 기도는 개인적인 고통 속에서도 삶의 의미를 찾고, 희망을 다시 붙잡게 해주는 소중한 시간이 되는 것입니다.

3. 기도는 감사와 삶의 방향성을 찾는 행위입니다

기도는 어려움만을 말하는 시간은 아닙니다. 좋은 일이 있을 때 감사하는 것도 기도입니다. 기독교 신앙에서는 우리가 누리는 모든 좋은 것들이 하나님께로부터 온다고 믿고 있습니다. 우리가 매일 경험하는 가족의 사랑, 친구와의 우정, 건강한 몸과 마음, 그리고 삶 속에서 마주하는 작은 기쁨들까지 모두 하나님의 선물이라는 관점에서 기도는 감사의 마음을 표현하는 특별한 방법이 됩니다. 감사의 기도는 형식적인 말이 아니라, 우리 삶에서 당연하게 여겼던 것들을 새롭게 바라보게 하고, 그 속에서 감사의 가치를 깨달게 합니다. 사실 우리의 일상은 익숙함 속에서 소중함을 잊어버리기 쉽습니다. 하지만 기도를 통해 하루를 돌아보며 일상의 평범한 순간 속에서도 감사할 이유를 찾고, 그것을 표현하는 것은 삶을 더 풍요롭게 만듭니다. 그리고 이런 감사의 자세는 우리가 삶의 긍정적인 면들을 더 많이 발견하고, 그것을 소중히 여기는 태도를 갖게 만듭니다.

기도는 또한 삶의 중요한 갈림길에서 방향을 찾는 데 도움을 줍니다. 누구든 인생에서 크고 작은 결정을 내려야 하는 순간이 있습니다. 새로운 일을 시작하거나, 이직을 고민하거나, 인간관계에서 어려운 선택을 해야 할 때가 그렇습니다. 이처럼 중요한 순간에 기도는 자신의 생각을 차분히 정리하고, 지금 내가 서 있는 위치와 앞으로 나아가야 할 길을 진지하게 고민하는 시간을 제공합니다. 친구에게 고민을 털어놓고 나면 스스로 해결의 실마리를 발견하듯이, 기도는 혼란스러운 상황 속에서 마음을 정리하고 명확한 시야를 갖게 만듭니다.

이처럼 기도는 단순한 종교적 행위가 아니라, 하나님과의 관계를 맺고 내면을 돌보며, 삶을 더 의미 있게 만드는 중요한 시간입니다. 그래서 기도는 삶을 새롭게 바라보게 하고, 우리가 해야 할 역할과 책임을 다짐하게 만드는 도구입니다. 하나님께 자신의 마음을 솔직히 드러내고, 그분께서 주시는 지혜와 평안을 구하는 과정을 통해 우리의 삶에 활력을 주고, 우리가 더 나은 선택을 하도록 이끌어줍니다. 삶 속에서 어려운 상황을 마주할 때, 기도는 답을 찾는 시간만이 아니라, 삶을 정리하고 방향을 재설정하며, 삶 전체를 풍요롭게 하고 인간과 세상을 깊이 이해하게 만드는 특별한 방식으로 이해될 수 있습니다.

Q 12

세례의 의미와 목적은 무엇인가요?

　세례는 기독교에서 신앙의 시작을 알리는 중요한 의식입니다. 하지만 종교적 행위로만 이해되기보다는 누구나 공감할 수 있는 '새로운 시작'의 상징으로도 바라볼 수 있습니다. 사람은 누구든 삶에서 전환점을 맞이합니다. 과거를 돌아보며 새로운 다짐을 하거나, 소속된 공동체와 깊은 유대를 맺고 싶을 때 이 결심을 행동으로 표현하듯이, 세례는 이러한 결단을 드러내는 기독교적 방식입니다.

1. 세례는 '새로운 삶'을 향한 출발선입니다

　기독교에서는 모든 사람이 불완전하고 실수하며 살아간다고 봅니다. 이를 죄라는 단어로 표현하는데, 여기서 '죄'는 단순히 법적 의미에서의 범죄를 뜻하는 것이 아닙니다. 인간이 완벽하지 않기 때문에 본능적으로 느끼는 연약함이나 자신과 타인, 그리고 세상과의 관계에서 느끼는 부조화들을 포함합니다. 이러한 연약함과 과거의 잘못을 인정하고, 새롭게 살겠다는 결단을 표현하는 것이 '세례'입니다.

　그렇다면 왜 물을 사용하나요? 물로 씻는 행위는 외적인 행위가 아니라, 마음의 더러움을 씻어내고 새로운 존재로 거듭나겠다는 내면의 변화를 상징합니다. 마치 새 출발을 다짐하며 과거를 털어내는 의식과도 같습니다. 그리고 '내적 변화'란 그 행위에 담긴 상징성을 통해 스스로의 삶을 돌아보고, 더 나은 방향으로 나아가겠다는 결심을 나타냅니다. 마치 큰 실수를 한 사람이 용서를 구하고, 다시는 같은 잘못을 반복하지 않겠다고 다짐하며 새로운 시작을 하는 모습과 비슷합니다. 세례는 이런 결단을 외적으로 표현하는 방법입니다.

　세례받은 사람을 기독교에서는 '새로운 피조물'이 되었다고 표현합니다. 즉 이 과정을 통해 '새로운 삶'을 시작한다고 고백하는 것입니다. 따라서 기독교인들에게 세례는 단순한 의식이 아니라, 자신의 부족함을 인정하고 더 성숙한 사람으로 거듭나겠다는 결단과 같습니다. 세례를 통해 과거를 뒤로 하고, 새로운 삶을 시작할 수 있는 용기와 희망을 얻는다고 믿습니다.

2. 세례는 예수 그리스도와 하나 됨을 상징합니다

세례에는 크게 두 가지 방식으로 진행됩니다. 즉 전신을 물속에 잠겼다가 나오는 방식의 '침례'와 물을 머리 위에 붓거나 적시는 방식의 '약식 세례'입니다. 건강상의 이유나 연령, 공간의 제약 등 다양한 상황에 따라 침례가 어려운 경우에 시행되기도 하는데, 방식은 다를 수 있어도 세례의 핵심 목적은 같습니다. 즉, 세례는 예수님의 죽음과 부활에 함께 참여한다는 의미를 담고 있습니다. 다시 말해서, 세례는 단순히 물로 씻겨지는 의식을 넘어 예수 그리스도와 하나 됨을 상징하는 것이라고 볼 수 있습니다.

그렇다면 예수의 죽음과 부활에 동참한다는 것은 무엇인가요? 기독교 신앙의 핵심은 예수 그리스도가 세상을 위해 자신을 희생했고, 죽음을 넘어 다시 살아나셨다는 데 있습니다. 세례에서 물속에 잠기고 나오는 과정에서 물속에 잠기는 것은 과거의 자신을 내려놓고 마치 예수 그리스도가 죽음을 맞이했던 것처럼, 자신의 한계를 인정하며 내려놓는 행위를 의미합니다. 그리고 물 위로 나오는 것은 새로운 삶을 시작한다는 상징입니다. 이는 예수님처럼 사랑하고 용서하며 살겠다는 결심과 그 가르침을 따르겠다는 고백이 세례를 통해 드러납니다. 이것은 종교적인 교리가 아니라 새로운 출발과 희망의 의미로 받아들일 수 있습니다.

그런데 세례는 예수님과 하나 된다는 상징적인 의미를 넘어 새로운 정체성을 제공합니다. 세례를 통해 기독교 신앙 공동체의 구성원이 되며, 그 안에서 자신을 새롭게 바라보고, 더 나은 삶을 살겠다는 다짐을 하게 됩니다. 즉 기독교 공동체에서 세례는 "내가 이제 새로운 길을 걷겠다"는 약속을 공동체와 함께 나누는 기회입니다. 또한, 세례받은 사람은 자신이 기독교 공동체의 일원이 되었다는 자부심과 함께 책임감을 갖게 됩니다. 마치 어떤 특별한 팀이나 그룹에 합류하여 서로 지지하고 협력하며 함께 나아가는 것과 같습니다. 결론적으로 세례에서 '예수와의 하나됨'은 종교적인 의식만이 아니라, 개인이 더 나은 삶을 살기 위해 과거를 내려놓고 새로운 정체성을 받아들이는 상징적인 선언입니다.

3. 세례는 공동체의 환영과 소속을 의미합니다

세례는 개인적인 신앙고백일 뿐 아니라, 교회 공동체가 한 사람을 새 가족으로 맞이하는 시간이기도 합니다. 세례를 통해 신앙 안에서 새로운 공동체와 관계를 맺습니다. 이는 모임에 참여하는 것을 넘어, 서로 돕고 책임지는 관계로 들어가는 것을 의미합니다.

그런데 왜 공동체가 중요한가요? 인간은 누구나 혼자서는 살아가기 어렵습니다. 삶에서 지지와 격려를 받을 수 있는 사람들, 자신과 비슷한 가치를 공유하는 사람들이 함께할 때 더 큰 힘을 얻을 수 있기 때문입니다. 기독교에서는 이러한 지지 역할을 교회 공동체가 맡고 있습니다. 세례는 새로운 사람이 공동체의 일원이 되었음을 공식적으로 인정받는 순간입니다. 세례를 통해 교회 공동체는 새로운 사람을 진심으로 환영합니다. 이는 의례적으로 "축하합니다"라는 수준이 아니라, 이 사람이 믿음의 여정을 함께 걸어갈 동료라는 것을 인정하고 받아들인다는 뜻입니다. 세례식에서는 공동체 전체가 참석해 세례받는 사람을 축복합니다. 그들은 새로 세례받는 사람에게 격려와 사랑을 보내며, 믿음의 길을 혼자가 아닌 함께 걸어가겠다고 약속합니다. 이는 마치 새로운 동료가 중요한 팀과 조직에 합류했을 때, 모든 사람이 환영하며 함께할 시간을 기대하는 모습과도 비슷합니다.

세례를 받은 사람은 개인적인 결단으로만 신앙을 가지는 것이 아니라, 교회라는 공동체 안에서 함께 성장하게 됩니다. 교회 공동체는 새로 세례 받은 사람을 도와 신앙적인 어려움이나 삶의 문제를 함께 나누며 해결하도록 돕고 있습니다. 이것은 종교적인 차원을 넘어 서로 삶을 나누고 책임지는 관계를 의미합니다. 그리고 세례받은 사람도 공동체의 일원으로 책임감을 갖게 됩니다. 서로를 돕고 격려하며 자신의 믿음을 실천하는 모습을 통해 공동체 안에서 성장하고 성숙하게 됩니다. 그래서 세례를 받은 사람이 믿음 안에서 성장하도록 지원하고, 함께 신앙의 길을 걸어가며 서로를 격려하는 긴 여정을 시작합니다. 따라서 세례는 새로운 시작을 알리는 개인의 결단일 뿐 아니라, 이 사람을 새로운 공동체가 기쁨으로 받아들이고 함께 성장해 나가는 삶의 여정을 시작하는 순간이기도 합니다.

4. 세례는 삶의 방향과 책임을 선언하는 시간입니다

세례는 "나는 이제 이 방향으로 살아가겠습니다"라는 공개적인 선언이자 결단의 시간입니다. 세례는 믿음을 말로 고백하는 것이 아니라, 앞으로 이 믿음을 삶 속에서 실천하겠다는 다짐이 담겨 있습니다. 이러한 고백은 개인적인 감정 표현을 넘어 자신이 믿는 가치를 일상에서 적극적으로 실천하겠다는 공개적인 선언입니다. 이를 통해 개인이 신앙 안에서 책임감을 갖고, 자신을 믿어주는 사람들과 함께 성장해 나간다고 봅니다.

나아가 세례는 하나님이 주신 소명을 따라 이웃을 사랑하고 세상을 섬기겠다는 약속이기도 합니다. 기독교에서는 이를 '소명 선언'이라고 부르는데, 소명이란, "하나님이 각 사람에게 주신 특별한 역할이나 임무"를 의미합니다. 기독교인들은 각자가 가진 재능과 삶의 경험이 자신만을 위한 것이 아니라, 이웃과 세상을 위해 사용되기를 원합니다. 세례를 통해서 "나는 하나님의 가르침을 따라 이웃을 사랑하고, 더 나은 세상을 만드는 일에 헌신하겠습니다"라고 공개적으로 다짐하는 순간과 같습니다.

소명 선언이 중요한 이유는, 개인의 삶에 큰 의미를 부여하기 때문입니다. 이 소명 선언을 통해 자신이 무엇을 믿고, 이 믿음을 통해 어떤 가치를 추구하는지를 명확히 하게 됩니다. 소명 선언은 이 믿음을 바탕으로, 자신이 어떤 삶을 살아가야 할지를 구체적으로 정하고 실천하려는 의지를 보여줍니다. 또한 세례는 자기 자신에게만 약속하는 것이 아니라, 내가 속한 공동체 앞에서 다짐하는 공개적인 약속입니다. 우리는 공개적으로 한 약속에 더 큰 책임감을 느끼고 이를 지키려고 노력합니다. 세례를 통해 기독교인은 단순히 믿음을 고백하는 것을 넘어, 자신의 삶이 이웃과 사회에 선한 영향을 주는 삶이 되도록 최선을 다하겠다는 책임을 다짐합니다. 결론적으로 세례는 자신의 믿음을 공개적으로 선언하고, 앞으로의 삶에서 이 믿음을 어떻게 실천할지를 약속하는 순간입니다. 이는 개인에게 깊은 의미를 줄 뿐 아니라, 이웃들과 세상에 선한 영향을 주는 삶의 출발점이 됩니다.

정리하면, 세례는 종교적인 의식만이 아니라 과거를 정리하고 새로운 삶을 시작하려는 '마음', 공동체와 연결되려는 '의지', 그리고 믿음을 삶으로 실천하겠다는 책임 있는 '결단'을 담은 상징입니다. 한마디로 세례란 '새로운 시작'을 의미하는 것입니다. 자신의 과거를 뒤로하고 새로운 삶을 다짐하며, 개인이 신앙을 통해 더 나은 삶으로 나아가겠다는 약속을 드러내는 중요한 순간입니다. 따라서 세례는 기독교인에게도, 그리고 삶에서 변화를 꿈꾸는 모든 사람들에게도 중요한 상징이 될 수 있는 의식입니다.

Q_13

성찬식은 왜 기독교에서 중요한 의식인가요?

성찬식은 기독교 예배에서 매우 중요한 의식 중 하나입니다. 교인들이 빵과 포도주(또는 포도즙)를 나누며 예수님의 사랑과 희생을 기념하고, 공동체로서의 결속을 확인하는 시간입니다. 겉으로 보기에는 간단한 의식 같지만, 이 안에는 기독교 신앙의 중심이 되는 깊은 의미가 담겨 있습니다. 기독교인들이 이토록 성찬식을 중요하게 여기는 이유는 특별한 메시지와 약속이 담겨 있다고 믿기 때문입니다. 이는 한 인물의 희생을 기념하는 차원을 넘어 현재의 삶에서 서로를 돌보고 사랑하며, 더 나아가 미래에 대한 희망을 품고 살아가게 하는 중요한 상징입니다. 결국 성찬식은 의식을 넘어 기독교 신앙의 중심을 이루는 사건들을 반복적으로 상기시키는 시간입니다. 그리고 이 시간은 교회라는 공동체가 함께 의미를 공유하며 더욱 강한 결속을 다지는 기회가 되기도 합니다. 성찬식이 왜 중요한지 살펴보겠습니다.

1. 예수님의 사랑과 희생을 기억하는 시간입니다

성찬식은 예수님이 십자가에서 보여주신 사랑과 희생을 기억하는 의식입니다. 기독교 신앙에서 예수님의 십자가 사건은 가장 핵심적인 의미를 가지는데, 성찬식은 이 사건을 떠올리게 하는 의식이라고 보시면 됩니다. 성경에는 예수님이 죽기 전 제자들과 마지막 저녁 식사를 나누며, '빵'은 자신의 몸, '포도주'는 자신의 피를 상징한다고 말씀하셨습니다. 이 마지막 식사를 기독교에서는 '최후의 만찬'이라고 부르고, 이후는 '성찬식'으로 지켜왔습니다. 그래서 성찬식에서 빵과 포도주는 예수님이 인류를 위해 희생하신 사랑의 상징이 됩니다. 그러므로 빵과 포도주는 단순한 음식이 아니라 예수님의 사랑과 헌신을 되새기는 강력한 상징이며, 성찬식에 참여하는 이들은 이 빵과 포도주를 통해 예수님이 자신을 위해 어떻게 사랑과 희생을 베풀었는지를 떠올립니다. 그리고 이 의식을 통해 "하나님이 나를 사랑하신다"는 사실을 되새기며 감사하는 마음을 갖습니다. 뿐만 아니라 기독교인들에게 이 의식은 예배의 한 부분을 넘어 자신의 신앙 중심을 확인하고 감사하는 소중한 순간이 되는 것입니다. 그래서 기독교인들은 성찬식을 통해 '예수님의 사랑과 희생'을 재인식하고 감사하는 예배의 장이 됩니다.

2. 공동체의 결속과 연대를 강화하는 시간입니다

성찬식은 개인의 믿음을 확인하는 것을 넘어, 서로가 공동체라는 사실을 확인하는 시간이기도 합니다. 기독교인들은 서로를 '형제자매'라고 부르며, 서로의 아픔과 기쁨을 함께 나누는 가족 같은 공동체로 생각합니다. 따라서 성찬식에서 빵과 포도주를 나누는 행위는 음식을 나누는 것만이 아니라, 이 공동체가 '우리는 하나'라는 믿음을 고백하는 시간입니다. 이런 의미에서 성찬식은 이 '하나됨'을 구체적으로 보여주는 상징적인 시간입니다. 빵을 나누며 "우리가 예수님의 몸 안에서 하나다"라고 고백합니다. 그리고 포도주를 함께 마시며 "우리는 같은 은혜를 받은 사람들이다"라고 확인합니다. 이러한 과정을 통해 기독교인들은 혼자가 아니라 공동체 속에서 함께 살아가고 있다는 사실을 다시 체감하게 됩니다.

그리고 성찬식은 공동체의 책임감을 상기시키는 시간이기도 합니다. "우리는 서로 돕고 세워나가야 한다. 내가 부족할 때 누군가가 나를 도와주었듯이, 내가 가진 것으로 다른 사람을 도와야 한다"는 다짐을 하도록 만드는 것입니다. 이렇게 성찬식을 통해 자신의 삶 속에서 어떻게 공동체를 위해 기여하고 함께 살아갈지를 고민하게 됩니다. 결국 성찬식은 기독교 공동체가 서로의 삶을 지지하고 사랑으로 연결된 특별한 관계임을 확인하는 시간입니다. 이 시간을 통해 개인의 믿음뿐 아니라 공동체 전체의 믿음을 더 강하게 하고, 함께 살아가는 삶의 중요성을 되새기는 것입니다. 그리하여 성도들은 "혼자가 아니라 함께 살아가는 존재"라는 사실을 체감하며, 공동체 안에서의 연대와 사랑을 새롭게 다짐하게 합니다.

3. 자신의 삶을 돌아보는 기회입니다

성찬식은 자신의 삶과 신앙을 돌아보고 점검하는 시간이기도 합니다. 단지 의례적인 의식에 참여하는 것이 아니라, "내가 정말 사랑과 용서를 실천하며 살고 있는가?"를 돌아보는 시간이 되는 것입니다. 기독교 신앙의 중심에는 예수님의 가르침이 있습니다. 예수님은 사랑, 용서, 희생을 통해서 모든 사람에게 선한 길을 보여주셨습니다. 그런데 이 가르침은 좋은 말을 듣고 "그래! 맞는 말이야"라고 동의하는 것으로 끝나지 않습니다. 진짜 믿음은 이 가르침을 나의 삶에 적용하고 실천하는 데 있습니다. 성찬식은 예수님의 가르침을 내 삶 속에서 어떻게 적용하고 있는지를 점검하면서, 바른 길로 나아가려는 다짐의 기회가 되는 것입니다. 그리고 이런 다짐을 통해 성찬식이 끝난 뒤 일상 속에서도 신앙을 실천하려고 노력하게 되는 것입니다.

4. 미래적인 소망을 품고 나아가는 시간입니다

성찬식은 과거만을 기억하는 의식이 아닙니다. 기독교인들은 예수님이 다시 오실 것을 믿고 기다립니다. 예수님은 부활하신 후 승천하시면서 지켜보는 제자들에게 "내가 다시 올 것이다!"라는 약속을 하셨습니다. 우리는 이 약속을 '재림'이라고 부르는데, 이는 단순히 먼 미래의 한 사건을 기다리는 것이 아니라, 지금의 삶 속에서도 이 약속을 바라보며 희망을 갖게 한다는 의미를 담고 있습니다. 그래서 성찬식은 그 미래에 대한 희망을 함께 되새기고 나누는 시간입니다.

하지만 여기서 중요한 점은 이 희망이 단순하게 '좋은 일이 올 거야!'라고 생각하는 낙관론이 아니라는 것입니다. 성찬식은 미래를 기다리는 데서 끝나지 않고, 이 순간에도 의미를 찾고 행동하게 만듭니다. 성찬식을 통해 기독교인들은 "하나님의 나라가 완성될 때까지 지금 이 땅에서 어떤 역할을 할 수 있을까?"를 고민하게 됩니다. 그리고 이런 고민은 현실에서 더 나은 사람이 되고, 더 나은 세상을 만들기 위해 행동으로 계속됩니다. 결국, 성찬식은 과거와 현재, 그리고 미래를 연결하는 기독교 신앙의 중요한 '축'입니다. 과거의 희생과 사랑을 기억하며 현재를 되돌아보고, 미래에 대한 희망을 품게 하는 모든 과정이 성찬식 안에 담겨 있습니다. 비록 성찬식이라는 의식 자체는 간단해 보일지라도, 그 안에는 기독교 신앙 전체를 지탱하는 깊은 의미가 녹아 있다고 할 수 있습니다.

성찬식은 단순한 전통이 아닙니다. 그것은 예수님의 사랑을 기억하고 공동체 일원으로 서로를 돌보며, 자신의 신앙과 삶을 되돌아보고, 더 나아가 미래에 대한 희망을 함께 나누는 깊은 의미의 의식입니다. 그러므로 성찬식은 기독교 신앙을 한눈에 보여주는 가장 핵심적인 시간이라 할 수 있습니다.

Q 14

기독교는 왜 선과 악의 문제를 중요하게 다루는가요?

이 그림에서 중간의 빛나는 십자가는 신성한 빛을 상징하며, 선과 악 사이에서 화해와 구속을 강조한다.

우리는 삶 속에서 선과 악에 대해 깊은 고민을 하며 살아갑니다. 무엇이 옳고 그른지 분별하려 애쓰고, 가능한 선한 선택을 하려고 노력합니다. 그러나 때로는 경계가 모호해서 혼란을 느끼기도 합니다. 선과 악의 문제는 우리의 삶, 인간 존재의 목적, 그리고 우리가 살아가는 이 세상의 본질과 질서를 이해하는 데 중요한 열쇠를 제공합니다. 기독교에서는 선과 악의 문제를 매우 중요하게 다룹니다.

선과 악은 개인의 윤리적 선택이나 사회적 규범 문제가 아니라, 인간과 하나님, 그리고 인간과 세상의 관계 속에서 중요한 역할을 합니다. 나아가 기독교에서는 선과 악이 왜 중요한지, 이것이 우리 삶과 세상에 어떤 영향을 미치는지를 명확하게 보여줍니다. 이를 통해, 비그리스도인들도 선과 악에 대한 기독교의 가르침이 종교적 이야기가 아니라, 우리 모두의 삶에 적용될 수 있는 보편적인 메시지임을 깨달을 수 있을 것입니다. 그렇다면 기독교에서는 왜 선과 악의 문제를 중요하게 여기는지, 그 이유를 살펴보겠습니다.

1. 선과 악은 세상의 도덕적 질서를 이해하는 기본 틀입니다

기독교는 세상이 우연히 만들어진 것이 아니라, 창조주이신 하나님에 의해 목적과 질서를 가지고 창조되었다고 믿고 있습니다. 하나님은 사랑과 정의, 자비의 성품을 지니신 분이며, 이 성품이 세상에도 반영되었다고 봅니다. 이러한 배경에서 기독교는 선과 악을 인간이 필요에 따라 임의로 만든 개념으로 보지 않습니다. 오히려 기독교에서 '선'은 하나님의 성품과 의도를 따르는 것이며, '악'은 그 의도를 거스르는 모든 것을 포함한다고 이해합니다. 사랑과 정의, 자비는 하나님의 본질적인 성품을 반영하기 때문에 선으로 간주됩니다. 그러나 증오, 불의, 무관심은 하나님의 뜻과 성품에 반하기에 악으로 여깁니다.

이러한 관점에서 도덕적 기준은 사람들이 만든 규칙이 아니라,

창조주의 본성을 반영한 영원하고 보편적인 기준입니다. 즉 기독교에서는 선과 악의 개념이 상대적이거나 시대에 따라 바뀌는 것이 아니라, 초월적이며 영원한 기준에 근거한다고 강조합니다. 우리가 선한 것을 보며 감동하고 악한 것을 보며 분노하는 이유도, 우리 안에 하나님의 형상이 새겨져 있기 때문이라는 것이 기독교의 설명입니다. 결국, 기독교는 선과 악을 '좋다'와 '나쁘다'로 나누는 것이 아니라, 인간이 세상을 이해하고 자신의 존재 목적을 발견하는 데 필수적인 '틀'로 보는 것입니다. 이 관점은 신앙이 없는 사람들에게도 우리가 왜 도덕적인 판단을 중요하게 여기고, 선을 행하려 애쓰는지에 대해 깊이 생각하게 만들 수 있습니다.

2. 선과 악은 인간의 자유와 책임을 보여줍니다

기독교는 인간이 자유의지를 지닌 존재라고 믿습니다. 선과 악 사이에서 스스로 선택할 수 있는 능력, 이것이 인간을 특별하게 만드는 특징입니다. 하나님은 인간에게 로봇처럼 선만 행하도록 강요하지 않고 자율적인 선택권을 주셨습니다. 하나님은 인간이 스스로 선을 선택하고 사랑으로 응답하기를 원하십니다. 사랑도, 선도, 자발적인 것이어야 진짜 의미가 있기 때문입니다. 그러나 이 선택의 자유에는 반드시 책임이 따릅니다. 선한 선택은 생명과 관계를 살리고, 악한 선택은 관계를 깨뜨리며 고통을 가져옵니다. 그리고 기독교에서는 인간이 악을 선택했을 때, 나쁜 일이 생긴다는 것을 넘어 하나님과의 관계가 깨어진다고 봅니다. 여기서 "관계가 깨어진다"는 말은, 인간이 스스로 하나님에게서 멀어지게 된다는 뜻입니다. 따라서 이런 선택의 결과는 단순한 행위의 결과를 넘어, 하나님과의 관계 속에서 해석합니다. 잘못된 선택은 하나님과의 관계를 멀어지게 하고, 선한 선택은 이 관계를 깊어지게 합니다.

기독교는 이런 선택의 과정을 '옳고 그름'의 문제가 아니라, 인간이 어떻게 성장하고 변화하며, 세상에 영향을 주는지를 깊이 있게 설명하려고 합니다. 자유의지를 통해 우리는 자신의 삶을 만들어 나갑니다. 그리고 이 선택들 속에서 자신과 타인, 그리고 세상과의 관계를 형성하게 됩니다. 기독교에서는 이 점에서 선과 악의 선택이 개인적인 일이 아니라, 인간이 가진 가장 중요한 특권이자 책임이라고 말합니다. 이런 관점은 비그리스도인들에게도 공감할 만한 주제입니다. 왜냐하면 인간의 자유가 자기 뜻대로 행동하는 자율성을 넘어 우리가 누구인지, 왜 존재하는지를 탐구하는 중요한 도구가 될 수 있기 때문입니다. 기독교에서는 인간이 자유로운 선택을 통해 선을 행하며, 결국에는 더 나은 관계를 이루고, 자신과 세상에 선한 영향을 줄 수 있다고 가르칩니다. 이 과정에서 인간은 성장하고 자신의 삶에 의미를 부여하게 됩니다.

3. 고통과 악을 직면하고, 희망을 제시합니다

누구나 "왜 세상에는 고통이 있지?", "왜 악한 일이 벌어질까?"라고 묻습니다. 기독교에서는 이 원인을 인간의 자유의지에 따른 잘못된 선택에서 찾습니다. 하나님은 인간에게 자유의지를 주셨기에 스스로 선택할 수 있는 존재입니다. 문제는 이 자유의지가 선을 선택할 기회를 주는 동시에, 악을 선택할 가능성도 포함하고 있다는 것입니다. 기독교에서는 인간이 하나님과의 관계를 깨뜨리는 선택, 즉 하나님의 뜻을 거스르는 선택을 했을 때 그것이 악이 되고, 그 결과로 고통이 세상에 들어오게 되었다고 가르칩니다.

그렇다면 "모든 악과 고통이 인간의 잘못 때문인가?"라는 의문이 들 수도 있습니다. 기독교에서는 이 질문에 인간의 잘못된 선택이 악의 시작점이 되었지만, 그 후로 세상이 하나님이 설계하신 본래의 선한 상태에서 벗어나 불완전해졌다고 이야기합니다. 하지만 여기서 멈추지 않습니다. 하나님은 고통받는 인간을 외면하지 않으시고, 그 문제를 해결하기 위해 직접 이 땅에 오셨다고 말합니다. 그것이 예수 그리스도의 '십자가'입니다. 기독교에서 예수님의 십자가는 단순히 희생적인 행위로 끝나지 않습니다. 십자가는 악을 극복하고, 고통 가운데 있는 인간에게 희망과 구원의 길을 열어주는 사건입니다. 예수님의 죽음은 세상이 가진 악과 고통을 해결하기 위한 하나님의 구체적인 행동으로 이해되고 있습니다. 십자가는 하나님의 사랑과 희생을 보여줌으로 인간에게 고통 가운데서도 희망을 가질 수 있는 이유를 제공합니다. 이런 점에서 기독교는 고통과 악의 문제를 "왜 생겼는가?"에서 멈추지 않고, "어떻게 극복할 수 있는가?"에 대한 답을 제시합니다. 결국, 악과 고통을 외면하지 않고,

인간에게 고통 속에서도 희망과 회복의 길이 있다는 메시지를 전합니다. 이는 인간 내면의 가장 깊은 갈망, 즉 구원과 회복에 대한 욕구를 충족시키는 이야기입니다. 고통스러운 현실을 살아가는 모두에게 기독교는 "이 문제가 끝이 아니라, 희망은 여전히 존재한다"는 위로의 메시지를 전달합니다.

정리하면, 기독교에서 선과 악의 문제를 중요하게 여기는 이유는 규칙을 지키기 위해서가 아닙니다. 선과 악은 인간 존재의 의미, 세상의 질서, 고통과 희망을 이해하기 위한 중요한 열쇠이기 때문입니다. 기독교에서는 이를 통해 우리가 누구인지, 왜 존재하는지, 어떻게 살아가야 하는지를 깊이 있게 성찰하게 합니다. 결국, 선과 악의 문제는 종교적인 교리만이 아니라, 우리가 살아가는 세상과 인간 내면의 갈등을 이해하고 극복할 수 있는 강력한 도구로 작용합니다. 기독교의 가르침은 믿음의 여부를 떠나, 인간과 세상을 바라보는 새로운 시각과 방향을 제시할 것입니다.

Q.15

기독교에서 죄란 무엇이며, 어떻게 다루어지는가요?

　기독교에서 말하는 '죄'는 단순히 법을 어기거나 도덕적으로 잘못된 행동을 의미하는 것이 아니라, 인간이 가진 더 깊은 내면의 상태, 즉 삶의 방향에서 빗나간 근본적인 문제를 설명하는 단어입니다. 화살이 과녁에서 벗어나는 것처럼, 인간이 본래 지향해야 할 하나님의 뜻에서 벗어난 삶의 상태가 바로 죄입니다. 그리고 이 주제를 이해하는 것은 기독교 신앙의 핵심을 이해하는 데도 중요합니다. 기독교가 예수 그리스도의 구원과 사랑을 강조하는지, 그리고 왜 그리스도를 통해 새로운 삶을 시작할 수 있다고 믿는지를 알 수 있는 열쇠이기 때문입니다. 따라서 죄와 관련하여 살펴보겠습니다.

1. 기독교에서 말하는 죄란 무엇인가요?

기독교는 '죄'에 대해 법을 어기거나 규칙을 위반하는 행동으로 보지 않습니다. 기독교에서 말하는 죄란 우리 삶의 깊은 방향성과 관련된 문제를 다룹니다. 기독교에서 '죄'를 뜻하는 성경의 단어는 "표적에서 빗나가다"라는 뜻이 담겨 있습니다. 즉, 죄란 우리가 원래 가야 할 방향, 즉 우리 인생의 목표에서 어긋나고 잘못된 길로 가고 있다는 것입니다. 그러면 기독교가 말하는 '표적'은 무엇일까요? 기독교에서는 인간이 하나님과 사랑의 관계 속에서 조화를 이루며 살아가도록 창조되었다고 믿고 있습니다. 하나님은 우리에게 풍성한 삶, 평화로운 관계, 그리고 사랑 안에서 살아가는 삶을 계획하셨다는 것입니다. 그런데 죄는 이 방향을 벗어나게 만듭니다.

기독교에서는 우리가 죄의 상태에 있을 때, 하나님과 멀어지고 나 자신도 힘들어지며, 주변 사람들과의 관계도 나빠지게 된다고 봅니다. 따라서 죄는 단순히 행동의 문제가 아니라 우리 마음의 상태와 삶의 방향성에 대한 문제입니다. 결국 기독교에서 말하는 죄는 우리가 본래 가야 할 삶의 길에서 빗나가게 만드는 어떤 상태라고 이해하시면 좋겠습니다. 이 점을 이해하면, 기독교가 왜 죄의 문제를 중요하게 생각하고, 또 그것을 해결하려는 노력을 강조하는지 조금 쉽게 이해하실 수 있을 것입니다.

2. 죄는 어떻게 시작되었나요?

기독교는 하나님이 인간을 창조하셨을 때 자유의지를 주셨다고 합니다. 여기서 '자유의지'란 우리가 스스로 선택할 수 있는 능력을 말합니다. 그런데 왜 하나님이 인간에게 이런 선택권을 주셨을까요? 그것은 강요된 관계에서는 진정한 사랑이 이루어질 수 없기 때문입니다. 그래서 하나님은 인간이 하나님과의 관계 안에서 자발적으로 사랑하고 신뢰하기를 바라셨습니다. 그런데 아담과 하와는 이 자유의지를 통해 하나님을 신뢰하기보다 스스로 옳고 그름을 판단하는 선택을 했습니다. 기독교에서는 이러한 상태를 죄의 시작으로 설명합니다. 인간이 신뢰를 잃고 스스로 판단하기 시작했을 때 하나님과의 관계가 단절되었습니다. 그리고 이 단절이 하나님과 인간 사이에만 영향을 미친 것이 아니라 인간 자체의 내면과 인간관계, 더 나아가 온 세상 전체에 영향을 주었다고 보는 것입니다. 따라서 죄는 단지 '행동'의 문제가 아니라 '관계'의 문제이며, 하나님과 인간 사이에 깊은 틈을 만든 사건으로 보는 것입니다. 그리고 이것은 과거의 이야기가 아니라 오늘 우리가 관계 속에서 신뢰를 잃고 갈등을 겪는 모든 상황과 닿아 있습니다.

3. 죄가 우리 삶에 어떤 영향을 미칠까요?

기독교에서는 죄가 인간의 삶에 가져오는 결과를 종교적인 벌이나 처벌로만 보지 않습니다. 오히려 죄가 인간 존재 전체에 미치는 더 깊고 근본적인 영향을 설명합니다. 첫째, 가장 중요하게 여기는 죄의 결과는 하나님과의 관계가 단절된다는 점입니다. 기독교에서 하나님은 모든 생명의 근원이시고, 우리 존재 이유를 주시는 분으로 믿고 있습니다. 하지만 죄로 인해 하나님과 관계가 끊어지면 인간은 근원을 잃고 길을 잃은 것처럼 방황하게 됩니다. 기독교에서는 이 상태를 '영적인 죽음'이라고 표현합니다. 인간이 하나님이라는 생명의 근원과 연결되지 못하면, 결국 내면적으로 공허함을 느끼고, 삶의 방향을 잃게 된다는 것입니다.

둘째, 죄는 단순히 하나님과의 관계에만 영향을 미치는 것이 아니라, 인간관계와 사회 전체에도 부정적인 영향을 끼친다고 보고 있습니다. 우리가 일상생활 속에서 겪는 인간관계의 갈등과 사회의 분열, 이기심, 환경 파괴 같은 문제들은 모두 죄의 결과로 나타납니다. 죄가 우리 마음을 왜곡시키고, 다른 사람을 사랑하거나 신뢰하기보다 자신을 중심에 두고 이기적으로 행동하게 만든다는 것입니다. 우리가 서로를 판단하거나, 상처를 주는 근본 원인을 기독교는 죄라고 설명합니다. 또한 기독교는 이러한 내면의 불안정성과 혼란이 죄에서 비롯되었다고 말합니다. 죄는 우리 내면의 방향성을 왜곡시키고, 올바른 관계와 평화를 방해하는 요소로 작용한다는 것입니다.

셋째, 죄는 개인적인 차원에서 끝나는 것이 아니라, 사회와 세상 전체에도 영향을 줍니다. 전쟁, 불평등, 환경 파괴 같은 문제들을 기독교에서는 인간의 이기심과 탐욕, 즉 죄의 결과로 봅니다. 결론적으로, 죄는 하나님과의 관계 단절로부터 시작해서 우리 내면을 왜곡시키고, 인간관계와 사회까지 파괴적인 영향을 미친다고 설명합니다.

4. 기독교는 죄를 어떻게 해결하나요?

기독교의 핵심은 죄를 설명하는 데서 끝나는 것이 아니라, 죄의 문제를 해결하기 위한 길을 제시합니다. 그런데 죄의 문제는 인간 스스로 해결할 수 없다고 보고 있습니다. 왜냐하면 죄는 행동의 잘못을 넘어서, 인간 내면의 깊은 상태와 하나님과의 근본적인 단절을 포함하기 때문입니다. 그래서 이 단절을 메우는 일은 인간의 능력으로는 불가능하다는 것입니다. 여기에서 기독교는 희망적인 메시지를 전하는데, 하나님께서 인간의 죄를 해결하기 위해 직접 행동하셨다는 것입니다. 그것은 하나님께서 예수 그리스도를 통해 이 문제를 해결하셨다는 사실에 있습니다. 예수님은 인간의 죄를 대신하여 십자가에서 죽으시고 부활하심으로 하나님과 인간 사이에 끊어진 관계를 회복하셨습니다.

여기서 중요한 점은 구원이란 어떤 규칙을 지켜야 얻을 수 있는 것이 아니라, 하나님께서 우리에게 주신 선물이라고 말합니다. 즉, 인간의 노력과 선행으로 얻는 것이 아니라, 하나님께서 우리를 사랑하시기 때문에 주시는 은혜라는 것입니다. 그러므로 우리가 해야 할 일은 이 선물을 믿음으로 받아들이는 것입니다. 예수님을 믿는다는 것은 종교적인 동의가 아니라, 하나님이 내게 주신 새로운 기회를 받아들이고, 죄의 무게에서 벗어나 새로운 삶을 시작하는 결단입니다.

하나님과의 관계가 회복되면, 기독교는 인간이 새로운 삶을 시작할 수 있다고 말합니다. 이 회복은 하나님과의 관계에서만 끝나는 것이 아닙니다. 기독교에서는 하나님과 화해한 인간이 자신과의 관계와 다른 사람들과의 관계도 새롭게 할 수 있다고 믿고 있습니다. 하나님과의 관계가 회복되면 우리 내면이 변화하고, 더 나아가 다른 사람을 사랑하고 용서하는 삶을 살게 된다는 것입니다. 기독교에서 말하는 새로운 삶은 이런 변화된 관계와 삶의 태도를 의미합니다. 나아가 새로운 삶은 죄의 무게에서 벗어나 진정한 자유와 평화를 누리는 삶입니다. 결국, 기독교의 메시지는 새로운 시작을 선물로 주겠다는 초대입니다. 우리가 스스로 해결할 수 없던 죄의 문제를 하나님께서 대신 해결하셨고, 그로 인해 자유와 평화를 누릴 수 있다는 희망의 이야기입니다. 여러분도 이 이야기를 통해 기독교가 전하는 사랑과 회복의 메시지를 조금 더 이해하셨기를 바랍니다.

Q 16

기독교의 윤리 기준은 무엇에 기반하는가요?

기독교적 윤리 기준이 성경과 하나님의 인도하심에 기반함을 상징적으로 표현했다.

우리는 살아가면서 "무엇이 옳고 그른가?"를 자주 고민합니다. 이러한 윤리적 고민은 인간 공동체에서 중요한 문제이며, 종교를 막론하고 다양한 기준과 원리를 통해 해답을 찾으려고 합니다. 기독교도 역시 이러한 윤리적 질문에 대한 답을 제공합니다. 그런데 기독교 윤리는 종교 규칙이 아니라, 인간 삶 전반에 적용되는 보편적인 가치들을 담고 있습니다. 그리고 기독교 윤리의 핵심은 크게 네 가지 기준에 근거합니다. 이를 통해 기독교 윤리가 종교적 신념에만 국한된 것이 아니라, 모두가 이해하고 받아들일 수 있는 가치를 포함하고 있음을 알게 될 것입니다.

1. 하나님 중심의 세계관입니다

기독교 윤리는 세상을 만든 하나님이 모든 윤리의 기준이 된다는 믿음에서 출발합니다. 기독교인들에게 윤리란 인간이 편리하거나 합리적으로 정한 규칙이 아니라, 세상의 창조주가 정하신 질서와 원칙을 따르는 것입니다. 중요한 점은 하나님이 제시하신 윤리적 기준은 단순히 '따르라'는 명령이 아니라, 인간이 서로에게 더 선한 행동을 하고 조화로운 사회를 만들어가는 데 필요한 원칙으로 제시됩니다.

이것은 다른 관점에서 생각해 볼 수 있습니다. 만약 절대적인 기준이 없다면, 선과 악, 옳고 그름의 개념은 상대적이 될 수밖에 없습니다. 각자가 자신에게 맞는 방식으로 윤리를 해석한다면, 어떤 사람에게는 옳은 일이 다른 사람에게는 잘못된 일이 될 수도 있습니다. 하지만 기독교에서는 하나님이 정하신 절대적이고 변하지 않는 기준이 있기 때문에 옳고 그름에 대한 명확한 판단이 가능하다고 믿습니다. 이 기준은 시간이 지나도, 사회가 변해도 흔들리지 않으며, 모든 사람에게 동일하게 적용되는 것입니다. 사람마다 생각이 다른 세상에서 무엇이 옳은지 헷갈릴 수 있지만, 기독교는 변하지 않는 하나님의 성품(사랑, 정의, 자비)을 윤리의 기준으로 삼고 있습니다. 이런 기준은 인간의 행복과 공동체의 조화를 위한 것이며, 모든 사람에게 적용 가능한 보편적인 가치로 이해됩니다. 기독교를 믿지 않더라도 이 관점은 우리가 도덕과 윤리를 생각할 때, 인간을 넘어선 더 큰 기준과 가치를 탐구할 필요성을 제기하는 중요한 생각의 틀을 제공한다고 볼 수 있습니다.

2. 성경의 가르침입니다

기독교 윤리의 두 번째 중요한 기반은 '성경'에 근거합니다. 성경은 하나님의 뜻을 담은 책으로 인간이 어떻게 살아야 하는지를 알려주는 삶의 지침서입니다. 구약성경에는 '십계명'이라는 매우 중요한 윤리적 지침이 나오는데, 십계명은 하나님을 섬기는 방식뿐만 아니라 이웃과 어떻게 관계를 맺어야 하는지에 대한 기본적인 윤리 규칙이 포함되어 있습니다. 이 계명 중에는 '살인하지 말라', '도둑질하지 말라', '부모를 공경하라'와 같은 일상에서 지켜야 할 보편적인 도덕 원칙도 있습니다. 이렇게 십계명을 통해 인간 사회에서 기본적으로 지켜야 할 도덕적 틀이 무엇인지를 배우게 됩니다. 그리고 구약성경보다 더 깊고 구체적인 윤리적 가르침을 제공하는 신약성경은, 예수 그리스도의 삶과 말씀을 통해 윤리의 핵심이 무엇인지를 분명히 보여줍니다. 예수는 도덕적 규칙을 제시하는 데 그치지 않고, '사랑'이라는 더 높은 기준을 강조했기 때문입니다.

성경은 단순한 규칙이 아니라 사랑, 정의, 용서 같은 보편적 가치를 강조합니다. 예수의 가르침은 기독교 신자들을 위한 것이 아니라, 모든 사람에게 서로를 더 사랑하고 이해하며 살아갈 수 있는 방향성을 제시합니다. 결국 성경은 기독교 윤리에서 과거 이야기나 종교적인 지침을 담은 책이 아니라, 오늘날의 삶에서도 적용 가능한 실질적인 윤리적 기준을 제공합니다. 비그리스도인들도 성경의 메시지를 통해 인간이 더 나은 삶을 살고, 서로를 돌보며 살아가는 데 필요한 통찰과 지혜를 얻을 수 있을 것입니다.

3. 예수 그리스도의 모범입니다

기독교 윤리에서 가장 중요한 부분 중 하나는 "예수 그리스도의 삶과 가르침"입니다. 예수님은 단순한 교사가 아니라, 말과 행동으로 사랑과 용서를 실천하신 분입니다. 예수님의 삶 자체는 우리가 어떻게 살아가야 하는지를 보여주는 생생한 예시였기 때문에 기독교 윤리에서 매우 중요한 기준이 됩니다. 예수의 가르침 중 가장 핵심적인 메시지는 '사랑'입니다. 예수님은 이렇게 말씀하셨습니다. "네 이웃을 네 자신과 같이 사랑하라." 이 말은 친절하라는 말 이상입니다. 예수님은 항상 사회적으로 약한 사람들, 소외된 사람들, 아무도 주목하지 않던 사람들을 찾아가셨고 소외된 이웃을 돌보시며, 사랑은 말이 아니라 행동으로 보여줘야 한다는 것을 삶으로 증명하셨습니다.

예수님이 강조한 사랑과 용서는 종교적 신념에서만 필요한 것이 아니라, 다원화된 사회 속에서 모두가 평화롭게 살아가기 위해 필요한 보편적 가치입니다. 예수님의 가르침은 종교적 교훈에 그치는 것이 아니라, 인간이 더 나은 관계를 맺고, 더 조화로운 사회를 만드는데 기여할 수 있는 강력한 메시지를 제공합니다. 결국, 기독교 윤리는 예수 그리스도의 삶과 가르침에 뿌리를 두고 있습니다. 이 가르침은 규칙을 지키라는 것이 아니라, 마음으로부터 우러나오는 사랑과 행동으로 타인을 돌보라는 실천적 윤리입니다. 이 가르침은 기독교 신자들뿐 아니라, 비그리스도인들에게도 인간다움과 공동체적 삶에 중요한 통찰을 줄 수 있습니다. 예수님의 삶을 통해 우리는 말로 사랑을 이야기하는 것이 아니라, 사랑을 행동으로 옮기는 것이 무엇인지를 배울 수 있습니다.

4. 공동체적 실천과 책임이 있습니다

　기독교 윤리는 개인의 믿음을 넘어 공동체 속에서 실천되어야 한다고 강조합니다. 우리가 사는 세상은 혼자 살아가는 공간이 아니라, 가족, 친구, 이웃, 직장 동료 등 여러 사람과 연결되어 살아가고 있습니다. 그래서 우리의 말과 행동은 나 자신뿐 아니라 주변 사람들에게도 큰 영향을 줍니다. 기독교 윤리에서 중요한 것은 이 '연결성과 책임'을 인정하고, 우리 행동이 공동체에 선한 영향을 주도록 노력하는 것입니다. 무엇보다 교회는 사람들이 모여 서로를 격려하고 필요를 채우며, 지역사회에서 선한 영향력을 주기 위해 협력하는 공동체입니다. 기독교 윤리에서 말하는 공동체적 실천은 바로 이런 모습입니다.

또 하나 중요한 점은, 기독교 윤리는 작은 친절에 그치지 않고 더 큰 사회적 문제에도 참여하라고 요청한다는 것입니다. 사랑은 마음으로만 끝나는 것이 아니라, 실제로 어려운 이웃을 돕고 정의로운 사회를 만드는 행동으로 이어져야 한다는 뜻입니다. 이는 정의로운 사회를 만들기 위한 책임으로 이해됩니다. 예수님의 삶을 보면 그분은 말씀만 전한 것이 아니라, 병자들을 고치고 소외된 사람들과 시간을 보내며 필요를 채우는 데 힘쓰셨습니다. 이러한 삶의 모습은 기독교인들에게 구체적인 행동의 모범으로 남아 있습니다. 결국 우리 사회가 더 나은 방향으로 나아가기 위해서는 개인이 자신의 행동에 책임을 지고, 서로를 돌보며 함께 협력해야 합니다. 기독교 윤리는 이런 협력과 책임의 중요성을 강조하면서 이상적인 말로만 그치는 것이 아니라, 실제적인 행동으로 실천해야 한다고 가르칩니다.

마지막으로, 기독교 윤리는 이런 책임과 실천이 개인의 노력이 아니라, 함께 하는 것에서 큰 힘을 얻는다고 보고 있습니다. 기독교 공동체는 서로를 격려하고 지지하며, 더 큰 목표를 위해 협력하는 공간입니다. 예수님이 가르치신 사랑은 개인적인 마음의 문제로만 끝나지 않고, 구체적인 실천과 공동체적인 협력으로 나타납니다. 이런 실천은 종교를 넘어서 모두가 함께 살아가는 사회를 위한 책임이기도 합니다.

정리하면, 기독교 윤리는 하나님 중심의 가치관, 성경의 가르침, 예수님의 모범, 공동체적 실천을 바탕으로 하고 있습니다. 이 윤리는 특정 신앙을 가진 사람들만 위한 것이 아니라, 모든 사람과 사회가 함께 나눌 수 있는 사랑, 정의, 책임의 기준이 될 수 있습니다. 그래서 기독교 윤리는 우리가 더 나은 인간관계를 형성하고, 모두가 평화롭게 살아가는 세상을 만들기 위한 방향을 제시하는 실천적 가치입니다.

Q 17

천국과 지옥의 개념은 어떤 의미인가요?

이 그림은 천국과 지옥의 대조적인 특성을 강조하면서, 인간의 선택과 구원의 길을 표현한 계단을 중심에 배치했다.

기독교에서 말하는 천국과 지옥은 죽은 뒤에 가는 특정한 장소에 관한 이야기만이 아닙니다. 그보다는 우리가 이 순간에도 경험할 수 있는 하나님과의 관계를 중심으로 이해해야 하는 개념입니다. 즉 하나님은 기독교에서 사랑과 생명의 근원이신 분으로 생각하며, 천국은 그 하나님과의 완전한 교제를 이루는 상태, 다시 말해 하나님의 사랑 안에서 진정한 평화와 기쁨을 누리는 상태를 가리킵니다. 그러나 지옥은 하나님과의 관계가 끊어진 상태를 상징합니다. 사랑과 생명의 근원에서 멀어진다면, 그 상태는 외로움과 고통으로 이어질 수밖에 없을 것입니다. 따라서 천국과 지옥은 죽음 이후의 일이 아니라, 이 순간에도 삶 속에서 나타날 수 있는 현실입니다. 이 글에서는 천국과 지옥의 개념을 신앙을 갖지 않은 분들도 쉽게 이해하도록 풀어보겠습니다.

1. 천국과 지옥은 '하나님과의 관계'로 설명됩니다

천국은 하나님과 완전한 사랑의 관계 안에서 사는 상태를 말합니다. 여기서 하나님은 사랑과 생명의 근원이신 분으로 이해됩니다. 그러므로 천국이란 눈에 보이는 공간만이 아니라, 하나님의 사랑과 평화가 충만하게 채워지는 상태를 뜻합니다. 즉 하나님과 완전히 가까이 있고, 그분의 사랑 안에서 평안과 기쁨을 누리는 것이 천국의 본질입니다. 반면에 지옥은 하나님과 관계 단절을 의미하며, 사랑과 생명의 근원으로부터 멀어진 고통의 상태입니다. 하나님과 관계가 멀어지거나 단절되었다는 것은 사랑과 평화, 생명이 결핍된 상태에 빠지는 것을 의미합니다. 그러므로 천국과 지옥은 '좋은 곳'과 '나쁜 곳'을 의미하는 것이 아니라, 하나님과의 관계에 따라 우리 존재가 어떻게 변화하고 완성되는지를 보여주는 개념이라고 할 수 있습니다. 다시 말해, 천국은 사랑과 평화가 충만한 상태이고, 지옥은 그 반대로 사랑과 생명이 완전히 결핍된 상태를 나타냅니다. 이 이야기를 통해 천국과 지옥이 특정 장소를 넘어 인간의 내적 상태와 삶의 방향에 대한 상징으로 이해될 수 있다는 것을 알 수 있습니다.

2. 성경은 천국과 지옥을 실재로 설명합니다

성경은 천국과 지옥을 단순한 상징이 아니라, 사람이 죽은 후에 가게 될 실제적인 존재로 설명합니다. 이 개념은 철학적이거나 상징적인 의미를 넘어 영원한 삶의 두 가지 결과를 보여주는 중요한 주제로 등장합니다. 예수님께서는 천국을 자주 "하나님 나라"로 표현하셨는데, 이는 천국이 하나님의 통치와 사랑이 완전히 이루어지는 평화의 상태를 가리키는 것입니다. 그러나 지옥에 대해서는 "불타는 구덩이"나 "껍질을 갉아먹는 벌레가 끊이지 않는 곳"과 같은 묘사가 등장합니다(마가복음 9:48). 이런 표현은 하나님이 없는 상태의 궁극적인 황폐함과 고통을 강조합니다. 하나님을 떠난 삶은 진정한 평화와 사랑을 경험할 수 없는 상태로 설명되며, 죽은 이후에는 더 심화되어 영원한 상태로 이어진다고 경고합니다.

그런데 성경은 천국과 지옥의 존재를 경고 수단으로만 제시하지 않습니다. 오히려 하나님이 모든 사람에게 천국으로 들어갈 기회를 주신다는 점을 강조합니다. 예수님은 요한복음 14장 2절에서 "내 아버지 집에는 거할 곳이 많다"고 말씀하시며, 하나님께서 모든 사람을 초대하셨음을 나타내십니다. 이런 의미에서 지옥은 하나님을 거부한 결과로 묘사됩니다. 여기서 중요한 점은 하나님이 사람을 일부

러 지옥으로 보내는 것이 아니라, 하나님과의 관계를 끊고 그분을 멀리한 결과가 지옥으로 이어진다는 것입니다. 하나님은 사랑의 관계를 원하시는 분으로, 이 관계를 거부하면 필연적으로 고통과 외로움이 따를 수밖에 없다는 것이 성경의 가르침입니다.

3. 천국과 지옥은 지금도 경험할 수 있습니다

많은 사람들이 천국과 지옥이라는 개념을 죽은 후에 경험하는 먼 미래의 일로 생각합니다. 하지만 기독교에서는 천국과 지옥이 사후 개념일 뿐 아니라 현재의 삶에서도 경험될 수 있다고 말합니다. 쉽게 말하면, 천국과 지옥은 현재 어떤 삶을 살아가느냐에 따라 우리 삶 속에서 드러나는 현실적인 개념이라는 것입니다. 즉 하나님이 사랑과 평화의 근원이시기 때문에 그분의 성품에 가까운 삶을 살아갈 때, 자연스럽게 천국의 기쁨과 평화를 누리게 되는 것이지요. 반대로, 이기심으로 가득 차 있고 주변 사람들을 해치거나 무시하며 악한 마음으로 살아간다면, 그의 삶은 지옥의 그림자를 드러내는 삶이라고 할 수 있습니다. 하나님이 없는 상태, 즉 사랑과 평화가 결여된 상태는 삶을 점점 더 고통스럽게 만들고, 결국 지옥으로 연결된다는 의미입니다.

이렇게 보면 천국과 지옥은 미래에 경험하는 추상적인 개념이 아니라, 지금 우리 일상 속에서도 충분히 나타날 수 있는 삶의 상태라고 볼 수 있습니다. 우리의 선택과 행동, 그리고 삶의 태도에 따라 천국의 가치와 지옥의 고통을 이 순간에도 경험할 수 있다는 것입니다. 결국, 천국과 지옥이라는 개념은 종교적인 가르침이 아니라, 우리가 삶에서 어떻게 사랑과 평화를 추구하며 살아갈 것인지에 대한 중요한 메시지를 담고 있습니다. 이것은 기독교 신앙을 갖지 않은 분들에게도 충분히 공감할 수 있는 이야기라고 생각합니다.

4. 천국과 지옥은 '선택'의 결과입니다

기독교에서 천국과 지옥은 운명처럼 정해진 결과를 받아들이는 개념이 아닙니다. 하나님은 모든 사람에게 천국으로의 길을 열어 두셨습니다. 하나님은 인간을 사랑하시기 때문에 그 누구에게도 억지로 천국이나 지옥으로 보내지 않으십니다. 대신, 우리에게 자유로운 선택을 허락하셨습니다. 천국은 하나님이 우리에게 주신 초대장과 같습니다. 문제는 이 초대를 받아들이느냐 거부하느냐에 달려 있습니다.

기독교 신앙에서 이 초대장은 예수님을 믿는 것을 의미합니다. 기독교에서는 '구원자'로 이해되는데, 우리가 스스로의 힘만으로는 천국에 이를 수 없기 때문입니다. 하나님은 완전한 사랑이시면서도 동시에 완전한 정의의 하나님이십니다. 따라서 모든 사람의 죄를 공의로 심판하셔야 하지만, 그 죗값을 스스로 감당하기에는 불가능합니다. 그래서 예수님을 통해 이 문제를 해결하셨습니다. 예수님은 십자가에서 우리 죄를 대신하여 죽으시고, 부활하심으로 하나님과 다시 관계를 맺을 수 있는 길을 여셨습니다. 쉽게 말해, 천국은 예수님을 통해 하나님과 화해된 사람들이 들어가는 곳입니다.

반대로, 지옥은 예수님을 거부한 결과로 이해됩니다. 하나님은 강제로 천국에 데려가지 않으십니다. 사랑은 강요될 수 없기 때문입니다. 하나님께서는 우리에게 선택권을 주셨고, 이 선택은 예수님을 믿느냐 믿지 않느냐에 따라 달라집니다. 예수님을 믿고 하나님과의 관계를 받아들이는 사람은 천국에서 영원한 생명을 누리게 됩니다. 하지만 예수님을 거부하고 하나님과의 관계를 끊어버리면, 그 결과로 지옥이라는 상태에 이르게 됩니다. 지옥은 하나님이 없는 상태를 상징하며, 결국 고통과 어둠, 외로움으로 가득한 결과를 가져옵니다.

천국과 지옥은 종교적 상징이 아니라, 우리가 어떤 존재로 살아가고 있는지를 보여주는 깊은 메시지를 담고 있습니다. 기독교는 예수 그리스도를 통해 하나님과 관계 회복을 가능하게 했으며, 이를 통해 천국의 삶을 시작할 수 있다고 가르칩니다. 결국 천국과 지옥은 하나님이 우리에게 선택권을 주신 사랑의 결과라고 할 수 있습니다. 예수님을 통해 우리에게 주신 구원의 길은 모두에게 열려 있으며, 하나님은 오늘도 천국으로 초대하고 계십니다. 이 초대를 받아들일지는 우리의 몫입니다. 여러분에게도 그 길이 열려 있습니다.

Q 18

기독교는 왜 선교에 중점을 두는가요?

다양한 사람들이 함께 예배하고 기도하는 모습과 십자가를 중심으로 복음 전파와 섬김의 상징적 요소들을 포함했다.

많은 분들이 기독교인의 선교 활동을 보며 궁금해합니다. "왜 이렇게 신앙을 전하려 할까?" 그러나 기독교가 선교에 집중하는 이유는 종교 확장이 아니라, 사랑을 전하고 희망을 나누기 위한 깊은 목적 때문입니다. 즉 기독교 신앙은 단순히 '좋은 철학'이나 '삶의 방식'이 아니라, 사람들이 반드시 알아야 할 '기쁜 소식'이라고 믿고 있기 때문입니다. 기독교가 선교를 중요하게 여기는 이유를 설명하겠습니다.

1. 예수님의 명령이기 때문입니다

기독교에서는 예수님의 마지막 말씀을 매우 중요하게 여기는데, 제자들에게 마지막으로 남긴 중요한 가르침에서 말씀하셨습니다. "너희는 가서 모든 민족을 제자로 삼아라"(마태복음 28:19). 다른 곳에서는 "온 세상에 다니며 모든 사람에게 복음을 전하라"(마가복음 16:15)고 명령했습니다. 기독교인들은 이 말씀을 '지상명령'(Great Commission)이라고 부르며, 신앙의 필수적인 실천이라고 믿고 있습니다. 그리고 이 명령을 따르며, 생명을 살리는 기쁜 소식을 전하려는 마음으로 선교에 나섭니다. 마치 누군가에게 꼭 필요한 정보를 알려주는 것처럼 말입니다. 가뭄이 든 땅에서 마실 물이 없던 사람이 우물을 발견했다면, 혼자만 마시는 것이 아니라 주변 사람들에게 "여기에 물이 있어요!"라고 외칠 것입니다. 이와 같은 맥락에서 기독교인들은 예수의 명령을 단순한 권고가 아니라, 분명히 지켜야 하는 사명으로 받아들이게 됩니다. 따라서 선교 활동을 하는 것은 '내가 믿는 신앙을 강요하는 것'이라기보다, '내가 확신하는 중요한 소식을 다른 사람들과 나누는 것'에 더 가깝습니다. 그리고 이 믿음이 선교를 하는 가장 근본적인 이유가 됩니다.

2. 모두에게 열려 있는 구원이기 때문입니다

기독교의 구원은 특정한 사람만을 위한 것이 아니라, 누구에게

나 받아들일 수 있는 보편적인 선물입니다. 좋은 책이나 맛있는 음식을 친구와 나누려는 마음처럼, 기독교인들은 하나님과의 관계 회복이라는 기쁜 소식을 나누고 싶어 합니다. 기독교에서 말하는 '복음'(福音, Good News)이라는 단어 자체가 '좋은 소식'이라는 뜻을 가지고 있습니다. 기독교인들은 예수 그리스도를 믿고 하나님과 화해하는 것이 인생에서 가장 기쁜 일이며, 이것이 모든 사람에게 해당된다고 믿고 있습니다. 예수를 통해 누구나 하나님과 관계를 회복할 수 있으며, 이 관계가 회복될 때 참된 평안과 기쁨을 누릴 수 있다고 확신하기 때문에, 이 소식을 혼자만 알고 있을 수 없다고 생각하는 것입니다.

여기서 중요한 점은 기독교의 구원 개념이 특정한 민족이나 인종과 배경을 가리지 않는다는 것입니다. 과거의 잘못, 사회적 지위, 교육 수준, 심지어 지금 어떤 삶을 살고 있는지와 관계없이 누구나 하나님의 사랑을 받을 수 있다는 것이 기독교의 핵심 메시지입니다. 이는 기독교가 특정한 사람들만의 종교가 아니라, 전 인류를 위한 믿음이라는 생각을 하게 만들었고, 결과적으로 선교를 중요한 사명으로 삼게 되었습니다. 기독교인들은 하나님이 주신 구원이 "모든 사람을 위한 것"이라고 믿기 때문에, 이 좋은 소식을 더 많은 사람들에게 나누는 것이 마땅하다고 생각합니다. 누구라도 정말 좋은 것을 발견하면 혼자서 간직하기보다 나누고 싶어지는 마음이 드는 것처럼, 자신들이 믿는 구원의 메시지를 자연스럽게 다른 사람들과 공유하려 합니다. 이처럼 "복음은 나눌 때 의미가 있다"는 생각이 기독교 선교의 중요한 원동력이 되는 것입니다.

3. 선교는 사랑의 실천이기 때문입니다

선교는 강요가 아니라 사랑의 표현입니다. 기독교인들에게 '복음(기쁜 소식)'은 단순히 신학적인 개념이 아닙니다. 이것은 진짜로 사람을 변화시키고, 삶을 풍성하게 만들 수 있는 실제적인 힘이라고 믿고 있습니다. 그래서 선교는 단순히 신자를 늘리기 위한 활동이 아니라, 다른 사람에게 희망을 전하고 사랑을 실천하는 과정으로 이해하면 됩니다. 여기서 중요한 것은 기독교의 선교가 역사적으로 '실제적인 도움'과 함께 이루어졌다는 점입니다. 전 세계적으로 유명한 많은 병원, 학교, 복지 시설들이 기독교 선교사들에 의해 세워졌으며, 우리 한국에도 마찬가지입니다. 이러한 활동들은 기독교의 핵심 가르침인 "이웃을 사랑하라"는 말을 실제로 사람들을 돕고 섬기는 삶으로 이어져야 한다고 믿기 때문입니다. 결국, 기독교인들에게 선교는 '종교적 가르침을 전하는 것'이 아니라, '다른 사람을 사랑하고 돕는 과정'으로 믿고 있습니다. 물론 어떤 경우에는 너무 적극적인 접근 방식이 오해를 불러일으킬 수 있습니다. 하지만 기독교인들이 선교를 하는 근본적인 이유는 강요가 아니라, '사랑을 나누고 싶다'는 진심에서 비롯된 것을 이해한다면, 그들의 선교 활동을 조금은 다른 시각으로 볼 수 있을 것입니다.

4. 교회의 본질적인 사명이기 때문입니다

교회는 예배만 드리는 장소가 아니라, 세상 속으로 나아가 하나님의 사랑을 전하는 공동체입니다. 다시 말해 교회는 세상을 향해 열려 있고, 사람들과 소통하며, 도움을 주고받는 곳이어야 한다고 생각합니다. 여기에서 선교가 중요한 역할을 합니다. 선교는 기독교 신앙을 전하는 일에 그치지 않습니다. 그것은 더 많은 사람들이 하나님이 주시는 사랑과 희망을 경험하도록 돕는 과정입니다. 교회라는 공동체가 확장될 때, 즉 더 많은 사람들이 그 사랑을 나눌 때, 본래의 목적을 다하게 된다고 믿습니다. 결국, 기독교 공동체인 교회는 자기들끼리 만족하는 곳이 아니라, 세상으로 나아가 이웃과 소통하고 사랑을 나누며, 더 많은 사람들과 하나님의 사랑을 함께 경험하기 위해 존재합니다. 선교는 교회의 본질과 연결되어 있습니다. 교회가 내부로만 향하지 않고, 밖으로 뻗어나가 더 많은 이웃과 함께하는 공동체로 성장할 때, 그 사명이 완성된다고 기독교인들은 믿고 있습니다. 그래서 기독교의 선교는 종교적인 활동이 아니라, 모든 사람이 보편적으로 누릴 수 있는 사랑과 가치를 나누는 과정이라고 이해할 수 있습니다. 교회의 선교적 활동은 결국 더 많은 사람들이 격려와 도움을 주고받으며, 서로 연결되고 희망을 발견하게 하는 일의 중심에 있다고 볼 수 있습니다.

정리하면, 기독교가 선교에 집중하는 이유는 예수 그리스도의 명령에 대한 순종, 모든 사람에게 열려 있는 구원의 메시지, 사랑의 실천, 그리고 교회의 본질적 사명에서 비롯됩니다. 그리고 그 이면에는 신앙을 전파하려는 것만이 아니라, 하나님이 주신 사랑과 희망을 더 많은 사람들과 나누기 위함에 있는 것입니다. 비그리스도인들에게도 이 메시지는 '신앙의 강요'가 아니라, '사랑의 초대'로 이해되기를 바라는 마음입니다.

Q.19

왜 교회가 정치, 사회 문제에 관여하는 경우가 있는가요?

이 그림은 교회가 인권운동에 적극적으로 참여하는 모습을 기독교적 관점에서 표현하였다.

    많은 사람들은 교회가 정치와 사회 문제에 발언할 때 의아하게 생각합니다. 종교는 개인의 신앙과 관련된 것이고, 교회는 사람들이 예배와 기도, 개인의 신앙을 다루는 곳이라고 생각하기 때문입니다. 사실 교회가 사회 문제에 관심을 갖는 것은 새로운 일이 아닙니다. 역사적으로 그렇고 신앙적인 관점에서도 이유가 있습니다. 교회가 사회적 이슈에 관심을 가지는 이유는 정치적 목적이 아니라,

성경이 강조하는 사랑, 정의, 평화, 연대와 같은 가치 때문입니다. 그런데 사회에서 불평등과 억압, 차별 같은 문제가 발생하면, 교회는 이런 문제들을 지나칠 수 없는 것입니다. 무엇보다 기독교는 개인 종교가 아니라 공동체와 함께 살아가는 신앙입니다. 하나님은 사람을 사랑하시며, 그 사랑은 사회적 약자와 억눌린 자들을 향한 관심으로 이어집니다. 그러므로 교회는 사회에서 일어나는 불의와 고통을 외면할 수 없습니다. 그러면 구체적으로 교회가 왜 정치와 사회 문제에 관심을 갖게 되는지, 그 이유를 살펴보겠습니다.

1. 교회의 윤리적·도덕적 책임감 때문입니다

먼저, 교회가 사회 문제에 관심을 가지는 이유 중 하나는 '옳고 그름'에 대한 책임감 때문입니다. 사람들은 누구나 기본적으로 윤리적이고 도덕적인 기준을 가지고 살아갑니다. 그런데 교회는 이런 윤리적 기준을 가르치는 곳입니다. 물론 기독교에서는 성경을 기준으로 삼지만, 그 안에 담긴 가르침은 종교적인 것만이 아니라 보편적인 도덕과도 연결됩니다. 예를 들어, 예수님이 "네 이웃을 사랑하라"고 가르치셨다면, 이것은 교회 안에서 신앙을 가진 사람들에게만 적용되는 것이 아니라, 모든 사회에 필요한 덕목이 되는 것입니다. 사람을 미워하지 않고 서로 돕는 것이야말로 건강한 사회를 만드는 기본이기 때문입니다. 그런데 사회에서 어느 집단이 심하게 차별받거나, 부당하게 권리를 빼앗기는 일이 벌어진다면, 교회는 "이

건 옳지 않습니다"라고 말할 수밖에 없습니다. 차별이나 부정의가 있다면, 침묵보다는 옳고 그름을 분별하여 말하는 것이 신앙의 실천입니다. 그렇기 때문에 사회적 문제가 발생했을 때, 교회가 목소리를 내는 것은 자연스러운 일이라고 볼 수 있습니다.

2. 교회의 역사적 책임입니다

교회는 역사적으로 종교적인 역할만 해온 것이 아니라, 사회를 변화시키는 데도 중요한 역할을 하였습니다. 교회는 역사 속에서 노예 해방, 인권 운동, 민주화 등 다양한 사회 변화에 기여해 왔습니다. 마틴 루터 킹 목사나 윌리엄 윌버포스와 같은 인물들은 신앙 때문에 사회 정의를 실현하려고 했습니다. 즉 교회는 '종교적인 이야기'만 하는 곳이 아니라, 사회가 바뀌어야 할 때 적극적으로 참여해 온 역사가 있습니다. 이런 변화들은 쉽게 이루어진 것이 아니었습니다. 많은 기독교인들이 믿음과 양심을 지키기 위해 희생과 고통을 당했으며, 세상의 불공평한 구조를 바꾸기 위해 노력해 왔습니다. 따라서 교회가 이런 전통을 이어간다는 점에서 사회 문제에 관심을 갖는 것은 자연스러운 일입니다.

물론 모든 교회가 항상 옳은 방향으로만 행동했던 것은 아닙니다. 역사적으로 잘못된 길을 걸었던 일도 있었고, 정치적으로 이용된 사례도 있습니다. 하지만 중요한 것은 본래 기독교의 가르침은 사람들을 차별하거나 억압하는 것이 아니라, '사랑과 정의를 실현하는 것'이라는 점입니다. 그리고 기독교인들은 이 가르침을 바탕으로 역사 속에서 사회를 바꾸는 데 중요한 역할을 해왔습니다. 그래서 오늘날에도 교회가 정치와 사회 문제에 목소리를 내는 이유가 여기에 있습니다. 특정 정당을 지지하려는 것이 아니라, 우리 사회가 보다 정의롭고 평등한 방향으로 나아가야 한다는 신념 때문입니다. 만약 교회가 이런 문제에 전혀 관심을 갖지 않는다면, 그것은 본래 역할을 잊어버리는 것일 수 있습니다. 즉, 교회가 사회 문제에 관심을 갖는 것은 신앙을 전하는 것에서 끝나는 것이 아니라, 현실 속에서 차별과 억압을 없애고 더 나은 세상을 만들려고 하는 역사적 책임을 실천하는데 있는 것입니다.

3. 함께 살아가는 공동체적 책임을 다하기 위해서입니다

기독교 신앙은 나 혼자만 잘 믿는 것이 아니라, 함께 살아가는 공동체를 소중히 여깁니다. 쉽게 말해, 기독교 신앙은 '나 혼자 잘 믿고 잘 사는 것'이 아니라, 다른 사람과 함께 믿음을 나누고 서로 도와주며, 함께 살아가는 것을 중요하게 여깁니다. 그래서 교회는 어려운 이웃을 돕고 사회적 약자를 섬기며, 공동선을 위해 노력해야 합니다. 이런 실천이 현실의 구조적인 문제와 연결되기 때문에 교회는 사회 변화에도 관심을 가지게 됩니다.

기독교는 초기부터 공동체 정신이 강했습니다. 교회의 가장 초기 모습은 2000년 전, 예수님의 제자들이 만든 공동체에서 시작되었습니다. 신약성경에 보면, 예수님의 제자들과 그를 따르던 사람들이 함께 모여서 먹을 것을 나누고, 가진 것을 서로 도왔다는 기록이 나옵니다. 그래서 어떤 역사가들은 "교회가 있었기 때문에 사회적 약자들이 살 곳을 찾을 수 있었다"고 말하기도 합니다. 이런 공동체 정신이 지금까지 이어지고 있는 것입니다. 그래서 교회는 예배만 드리는 곳이 아니라, 도움이 필요한 사람들을 찾아 돕는 역할도 합니다. 더 나아가, 사회적으로 약한 사람들을 보호하는 일이 필요할 때, 정부와 기업, 사회 전체에 "이런 문제를 해결해야 합니다"라고 목소리를 내기도 합니다. 기독교는 '믿음'을 말하는 종교가 아니라, 실제로 '어떻게 살아야 하는가'를 고민하는 종교라는 뜻입니다. 그래서 단순히 개인이 기도를 열심히 하는 것뿐만 아니라, 우리 주변에 힘든 사람들이 있을 때 어떻게 도와야 할지를 생각하는 것입니다.

   교회가 사회 문제를 외면할 수 없는 또 다른 이유가 있습니다. 교회는 '종교적인 공간'이 아니라, '사람들이 함께 살아가는 공동체'이기 때문입니다. 교회는 기도만 드리는 곳이 아니라, 사람들이 서로 돌보고 책임지는 곳이기도 하기 때문에 사회 속에서 일어나는 문제를 외면할 수 없는 것입니다. 그러므로 교회가 사회적 문제에 관심을 갖는 것은 기독교 신앙의 기본적인 정신을 실천하는 것이며, 이웃과 함께 살아가는 삶을 중요하게 여기는 태도입니다. 그래서 오늘날에도 교회는 "더 나은 사회를 만들기 위해서" 빈곤, 인권, 평등, 정의 같은 문제들에 관심을 갖게 되는 것입니다.

4. 교회와 정치, 그리고 정교분리의 균형이 필요합니다

'정교분리'는 교회가 권력을 잡지 않고, 국가는 종교를 강요하지 않는다는 원칙입니다. 하지만 이는 교회가 사회 문제에 아무 말도 하지 말라는 뜻이 아닙니다. 사실 정교분리는 사람들이 생각하는 것처럼 단순한 개념이 아닙니다. 이것이 무엇을 의미하는지, 그리고 교회가 왜 여전히 사회 문제에 대해 목소리를 내는지를 설명하겠습니다.[사실 정교분리의 원래 뜻은 국가가 종교에 간섭하지 말라는 것이었습니다. 즉 양비론이 아니었습니다.]

1) 정교분리란 교회가 정치 권력을 쥐거나, 국가가 종교를 강요해서는 안 된다는 원칙입니다

우리가 말하는 '정교분리'는 원래 국가가 특정 종교를 강요하거나, 반대로 종교가 정치 권력을 장악해서 국민들에게 특정 신앙을 강요하는 것을 막기 위해 만들어진 원칙입니다. 한국에서도 헌법적으로 '정교분리 원칙'이 보장되어 있기 때문에 국가는 특정 종교를 강요할 수 없고, 교회도 정치 권력을 직접 장악할 수 없습니다. 이것이 정교분리의 핵심입니다. 그러나 이 원칙이 "종교는 절대 사회 문제에 대해 말하면 안 된다"는 뜻이 아닙니다. 오히려 민주주의 사회에서는 누구나 자유롭게 자신의 의견을 말할 권리가 있기 때문에 교회도 사회적으로 중요한 문제에 말할 수 있습니다.

2) 정교분리의 오해: 교회가 사회 문제에 대해 말하면 안 될까요?

역사 속에서 많은 기독교 지도자들은 사회 정의를 위해 목소리를 냈습니다. 마틴 루터 킹 목사는 흑인 인권 운동을 이끌면서 "차별을 없애야 한다"고 외쳤습니다. 또한, 한국의 민주화 과정에서도 교회는 중요한 역할을 했습니다. 과거 독재 정권 시절, 교회는 "국민들에게 자유를 줘야 한다"고 외쳤고, 억울하게 고통받는 사람들을 위해 싸웠습니다. 그렇기 때문에 '정교분리'라는 개념이 "교회는 절대 정치나 사회 문제에 대해 말하면 안 된다"는 뜻으로 이해되면 안 됩니다. 교회가 정치 권력을 차지하려 하거나, 특정 정당을 지지하기 위해 이용되는 것은 잘못된 일이지만, 인간의 존엄성과 사회 정의를 위해 목소리를 내는 것은 정당한 일입니다.

3) 교회는 특정 정치 세력과 결탁하면 안 됩니다

교회가 가장 조심해야 할 문제는 특정 정당이나 정치 세력과 지나치게 결탁하는 것입니다. 교회는 신앙을 위한 곳이지, 정치 세력을 밀어주기 위한 기관이 아닙니다. 만약 교회가 한쪽 정치 세력을 지지하거나 교인들에게 특정 정당을 강요한다면, 그것은 신앙을 정치적으로 이용하는 것이 됩니다. 건강한 교회라면 특정 정치 세력을 편들기보다 정의와 사랑이라는 보편적인 가치를 중심으로 사회 문제를 바라보아야 합니다.

4) 교회는 어떻게 균형을 맞춰야 할까요

교회는 사람들 속에 존재하고 사람들의 삶과 연결되어 있기 때문에, 사회 문제에 목소리를 내는 것은 자연스러운 일입니다. 하지만 이 과정에서 몇 가지 중요한 균형을 맞춰야 합니다. 첫째, 교회는 특정 정치 세력을 지지하기보다 사회 정의와 인간의 존엄성을 중심으로 말해야 합니다. 둘째, 교회가 정치 권력을 잡으려 하면 안 됩니다. 교회는 국가를 운영하는 곳이 아니며, 종교는 정치와 독립적인 위치를 유지해야 합니다. 셋째, 교회가 사회 문제를 이야기할 때는 누구를 이롭게 하느냐를 고민해야 합니다. 만약 교회가 이야기하는 것이 특정 집단 이익을 위한 것이라면 정당한 사회 참여가 아닙니다. 넷째, 교회는 모든 사람을 포용하는 자세를 가져야 합니다. 특정 이념이나 정당을 지지하는 것이 아니라, 다양한 생각을 가진 사람들과 함께 공존하는 것이 중요합니다. 이러한 균형을 지킬 때, 교회는 건강한 방식으로 사회 문제에 참여할 수 있습니다.

정리하겠습니다. 교회가 사회 문제에 관여하는 것은 신앙의 본질을 실천하는 것입니다. 교회는 세상의 빛과 소금으로 부름받은 공동체로써, 사회의 고통에 무관심할 수 없습니다. 물론 정치적 균형과 책임 있는 참여가 중요하지만, 교회가 공공선을 위한 목소리를 내는 것은 건강한 사회를 위한 기여이기도 합니다. 그러므로 교회가 사회적 약자의 목소리를 대변하고 더 정의로운 세상을 만들기 위해 노력하는 일은 종교인만의 영역이 아니라, 종교를 초월한 보편적 관심사입니다. 그렇기에 기독교 신앙을 가진 사람이든 아니든, 교회가 왜 이러한 역할을 감당하려 하는지 이해하는 것은 우리 사회가 함께 나아갈 방향을 고민하는 데에 중요한 의미를 지닌다고 하겠습니다.

Q 20

현대 과학과 기독교 신앙은 양립할 수 있는가요?

현대인들에게 과학은 단순한 학문이 아니라, 삶의 일부이며 세상을 이해하는 중요한 도구가 되었습니다. 반면에 종교는 인간이 가진 가장 오래된 믿음 체계 중 하나입니다. 때문에 과학과 신앙은 반대되는 것처럼 보일 수 있습니다. 과학은 증거와 실험을 통해 자연 세계를 탐구하고, 신앙은 보이지 않는 존재와 삶의 의미를 믿는 것이기 때문입니다. 그래서 과학과 종교가 양립할 수 있는지에 대한 질문이 꾸준히 제기되고 있습니다. 그러나 과연 과학과 신앙은 서로 대립할 수밖에 없는 관계일까요, 아니면 함께 조화를 이루며 인간의 삶을 더욱 풍요롭게 만들 수 있을까요? 이 글에서는 이러한 질문에 대한 답을 찾아보려 합니다.

1. 역사 속에서 과학과 신앙은 함께 성장했습니다

기독교가 항상 과학을 반대한 것은 아닙니다. 사실 많은 과학적 발전이 기독교 신앙과 관련된 배경 속에서 이루어졌고, 심지어 과학자 중 상당수가 기독교 신앙을 가지고 있었던 것도 사실입니다. 특히 중세 유럽의 대학들은 대부분 교회에서 시작되었고, 많은 초기 과학자들은 신앙을 가진 사람들이었습니다. 기독교 신앙을 가진 많은 사람들은 자연 세계가 '우연히 생긴 것'이 아니라, '창조주가 설계한 세계'라고 믿었습니다. 그렇기 때문에 이 자연 세계가 일정한 질서와 법칙을 가지고 있을 것이라 생각했습니다. 그리고 이 법칙을 연구하는 것이 신의 지혜를 더 깊이 이해하는 길이라고 여겼습니다. 예를 들어 뉴턴(Isaac Newton, 1643-1727), 케플러(Johannes Kepler, 1571-1630), 파스칼(Blaise Pascal, 1623-1662), 보일(Robert Boyle, 1627-1691), 멘델(Gregor Johan Mendel, 1822-1884), 맥스웰(James Clerk Maxwell, 1831-1879) 등은 모두 신앙인이었으며, 자연을 연구하는 것이 곧 하나님의 질서를 탐구하는 일이라고 생각했습니다. 빅뱅 이론을 처음 주장한 사람도 로마가톨릭 사제였습니다. 또한, 기독교가 무조건 과학을 탄압한 것이 아니라 오히려 과학을 후원한 사례도 많았습니다. 우리가 알고 있는 "기독교와 과학은 서로 적대적이었다"는 인식은 역사 전체를 보면 단편적인 시각입니다. 물론 기독교와 과학이 갈등했던 시기도 있었지만, 그보다 더 많은 경우 기독교 신앙을 가진 사람들이 학문과 과학 발전에 기여해 왔습니다. 따라서 일부 시기에 있었던 갈등은 신앙과 과학의 본질적인 충돌 때문이 아니라 시대적 오해와 권력 문제 때문이었습니다.

2. 과학과 신앙은 질문이 다릅니다

과학은 "어떻게?"를 묻고, 신앙은 "왜?"를 묻습니다. 과학과 신앙은 마치 두 개의 서로 다른 도구와 같습니다. 과학은 자연 법칙과 현상을 설명하는 '현미경'과 같고, 신앙은 삶의 존재 이유와 삶의 목적을 탐구하는 '나침반'과 같습니다. 조금 더 쉽게 이해하기 위해, 이런 질문들을 떠올려 보겠습니다.

- 과학이 던지는 질문: "이 세상이 어떻게 만들어졌는가?"
- 신앙이 던지는 질문: "이 세상은 왜 존재하는가?"
- 과학이 던지는 질문: "인간은 어떻게 진화했는가?"
- 신앙이 던지는 질문: "인간은 왜 존재하는가?"
- 과학이 던지는 질문: "자연재해가 왜 일어나는가?"
- 신앙이 던지는 질문: "고통과 고난 속에서 인간은 무엇을

배워야 하는가?"

　이처럼 과학과 신앙은 같은 문제를 바라보지만 서로 다른 방식으로 접근합니다. 예를 들어 과학은 번개가 치는 이유를 설명할 수 있지만, 인간이 왜 고난을 겪는지에 대한 의미는 신앙의 영역입니다. 그리고 과학이 연구하는 것은 우리가 눈으로 보고, 손으로 만질 수 있는 '물질세계'입니다. 반면, 신앙은 우리가 직접 측정하거나 실험할 수 없는 '삶의 의미, 도덕적 가치, 존재의 이유' 등을 탐구합니다. 이처럼 과학과 신앙은 다른 차원에서 활동하며, 서로 다른 질문에 답하려 합니다.

　그런가 하면, 과학과 신앙이 서로 다른 질문을 던진다면, 그 질문에 대한 답을 찾는 방식도 다릅니다. 과학은 실험과 관찰을 통해 진리를 탐구합니다. 반복 가능한 실험과 검증을 통해 가설을 세우고, 이를 증명하거나 반증하는 방식으로 발전해 왔습니다. 그러나 신앙은 인간의 경험과 관계, 그리고 깊은 내면적 깨달음을 통해 삶의 의미와 가치를 발견하는 것입니다. 즉, 과학은 '세상의 작동 원리'를 설명하고, 신앙은 '삶의 방향성'을 제시한다고 볼 수 있습니다. 그런데 과학과 신앙이 서로 다른 질문과 방법을 사용한다고 해서, 꼭 대립해야 하는 것은 아닙니다. 오히려 서로를 보완하며, 인간이 더 깊은 이해를 가질 수 있도록 도울 수 있습니다. 과학은 신앙을 대신할 수 없으며 신앙도 과학을 대신할 수는 없지만 서로의 영역을 인정하고 존중한다면 과학과 신앙은 충분히 공존할 수 있습니다.

3. 과학이 설명하지 못하는 것도 있습니다

과학은 "이 세상이 어떻게 작동하는가?"를 설명하는 데 매우 뛰어난 도구입니다. 하지만 "우리는 어떻게 살아야 하는가?"와 같은 질문에는 답을 주지 않습니다. 즉 과학은 사실(fact)을 잘 설명하지만, 가치(value)에 대한 답은 주지 못합니다. 우리는 과학으로 원자 폭탄을 만들 수 있지만, 그것을 사용해야 하는지의 윤리적 판단은 과학이 해주지 않습니다. 뿐만 아니라 인간은 생물학적 존재가 아니라, 의미를 찾고 사랑을 나누며 초월을 갈망하는 존재입니다. 과학이 발전하면서 우리는 자연 세계를 더 많이 알게 되었고, 우리 삶은 더욱 풍요로워졌습니다. 하지만 과학이 아무리 발전해도, 인간의 본질적인 질문들—"왜 존재하는가?", "어떻게 살아야 하는가?", "무엇이 선이고 무엇이 악인가?"—에 대한 답을 줄 수는 없습니다. 이런 질문들은 신앙이 답해야 하는 부분입니다. 기독교 신앙이 중요한 이유가 여기에 있습니다. 기독교 신앙은 인간이 '생물학적 존재'가 아니라, '영적인 존재'라고 가르칩니다. 따라서 기독교는 "우리는 무엇을 위해 살아야 하는가?"라는 질문에 답을 제시하며, 과학이 줄 수 없는 방향성과 의미를 제공합니다. 따라서 과학과 신앙은 대립하는 것이 아니라, 과학은 신앙을 보완하고, 신앙은 과학이 다루지 못하는 깊은 문제들에 대한 답을 제시합니다.

4. 과학과 신앙은 함께할 수 있습니다

과학과 신앙은 '두 개의 날개'와 같습니다. 한쪽 날개(과학)는 우리가 사는 세상의 원리를 연구하고 기술을 발전시키는 역할을 합니다. 다른 한쪽 날개(신앙)는 우리가 왜 살아야 하는지, 어떤 가치를 따라야 하는지를 고민하게 만듭니다. 만약 우리가 한쪽 날개만 사용한다면 온전한 방향을 잡고 날아가기가 어려울 것입니다. 현대에는 과학과 신학이 대화하며 협력하는 분야도 많습니다. 환경 보호, 생명 윤리, 의료와 돌봄 등에서 과학과 신앙은 서로를 보완합니다. 과학이 인간의 신체적 문제를 해결하는 역할을 한다면, 신앙은 인간의 내면과 공동체적 관계를 회복하는 데 도움을 줄 수 있습니다.

과학이 발전하면서 우리는 더 많은 것을 알게 되었지만, 여전히 인간의 삶에는 '의미'와 '가치'에 대한 고민이 남아 있습니다. 과학이 제공하는 지식과 기술이 인간을 더욱 풍요롭게 만들 수 있도록, 신앙은 도덕적 기준과 방향성을 제시할 수 있습니다. 과학과 신앙은 대립하는 것이 아니라 서로 보완할 수 있는 관계입니다. 기독교는 하나님이 창조하신 세상을 잘 돌보라고 가르치지만, 과학은 그 방법을 제시합니다. 또 윤리적 문제에서는 과학이 가능한 일을 제시하고, 신앙은 그것이 옳은 일인지 고민하게 합니다. 그러므로 우리에게 중요한 것은 과학과 신앙이 서로를 존중하며 함께 협력하여 더 나은 세상을 만들어가는 것입니다.

정리하겠습니다. 현대 과학과 기독교 신앙은 서로 다른 접근 방식을 가지고 있지만, 지향하는 목표에는 상호 보완적일 수 있습니다. 그래서 과학과 기독교 신앙은 각기 다른 방식으로 세상을 이해하려고 노력합니다. 과학은 세상의 구조를 설명하고, 신앙은 삶의 의미를 제시합니다. 그렇기 때문에 이 둘은 경쟁자가 아니라, 함께 인간의 삶을 더욱 풍요롭고 깊이 있게 만들어갈 수 있는 동반자입니다.

저자 오주철

동국대학교 회계학과 졸업.
대구 영남신학대학교 졸업.
장로회신학대학원 졸업.
계명대학교 연합신학대학원(Th.M.) 졸업
계명대학교 대학원 신학과 박사(Ph.D.) 졸업
학위논문 "한국교회사에 나타난 전천년설의 기원과 발전과정에 대한 교리사적 이해와 연구." 2008.

주요 저서

『조직신학개론』, 한들출판사, 2013.
『한국개신교회사』, 한들출판사, 2015.
『조직신학개론 개정판』, 한들출판사, 2016.
『종교개혁자들의 삶과 신학』, 한들출판사, 2017.
『평신도 교의학』, 한들출판사, 2019.
『십계명 이야기』, 한들출판사, 2021.
외 다수의 저서와 학술논문 발표

현재

언양영신교회 담임목사.
계명대학교 겸임교수,
영남신학대학교 특임교수

기독교, 그것이 알고 싶다
지은이   오주철
펴낸이   정덕주
발행일   2025. 4. 22
펴낸곳   한들출판사
         서울시 종로구 대학로 19(기독교회관 1012호)
         등록 제2-1470호. 1992년
홈페이지   www.handl.co.kr
전자우편   handl2006@hanmail.net
전화   편집부 02-741-4069
         영업부 02-741-4070
ISBN   978-89-8349-855-7 93230

* 잘못된 책은 구입하신 곳에서 바꾸어 드립니다.